Antoine Leiris

Danach, das Leben

Aus dem Französischen
von Doris Heinemann

S. FISCHER

Aus Verantwortung für die Umwelt hat sich der S. Fischer Verlag zu einer nachhaltigen Buchproduktion verpflichtet. Der bewusste Umgang mit unseren Ressourcen, der Schutz unseres Klimas und der Natur gehören zu unseren obersten Unternehmenszielen.
Gemeinsam mit unseren Partnern und Lieferanten setzen wir uns für eine klimaneutrale Buchproduktion ein, die den Erwerb von Klimazertifikaten zur Kompensation des CO_2-Ausstoßes einschließt.
Weitere Informationen finden Sie unter:
www.klimaneutralerverlag.de

Deutsche Erstausgabe
Erschienen bei S. FISCHER
Die französische Originalausgabe
erschien 2019 unter dem Titel »La vie, après«
bei Éditions Robert Laffont, Paris
© Éditions Robert Laffont, S.A.S., Paris, 2019

Für die deutschsprachige Ausgabe:
© 2020 S. Fischer Verlag GmbH,
Hedderichstr. 114, D-60596 Frankfurt am Main

Satz: Fotosatz Amann, Memmingen
Druck und Bindung: CPI books GmbH, Leck
Printed in Germany
ISBN 978-3-10-397044-9

»Wir (…) waren sozusagen die Letzten eines alten Geschlechts (…). Man hätte meinen können, daß wir gar nicht mehr existierten und daß unsichtbare, aber sehr viel wichtigere Personen als wir selber sich immer noch das Vergnügen machten, die Spiegel unsres Hauses mit ihren Bildern zu bevölkern. Ich möchte um keinen Preis und zumal nicht am Schluß eines Satzes mit einer gesuchten Pointe aufwarten, möchte aber doch die Behauptung wagen, daß in den alten Familien die Lebenden wie die Schatten der Toten wirken.«

Marguerite Yourcenar,
ALEXIS ODER DER VERGEBLICHE KAMPF

»Wer sich erinnern will, muß sich dem Vergessen anvertrauen, diesem Risiko des absoluten Vergessens und diesem schönen Glücksfall, zu dem das Erinnern dann wird.«

Maurice Blanchot, LE LIVRE À VENIR

Vorwort

Mein erstes Buch habe ich im brutalsten und elementarsten Augenblick meines Lebens geschrieben. Ich hatte gerade bei den Anschlägen vom 13. November 2015 auf das Bataclan meine Frau Hélène verloren.

In *Meinen Hass bekommt ihr nicht* habe ich von den Tagen danach erzählt, den Tagen unmittelbar nach ihrem Tod, die ich mit unserem damals siebzehn Monate alten Sohn Melvil durchlebte.

Seither habe ich es mehrmals mit dem Schreiben versucht. Erst habe ich etwas Fiktionales zu schreiben versucht, eine Geschichte, die nichts mit mir zu tun hatte. Ich wollte Menschen und Orte erfinden, einen echten Roman schreiben. Ich verbrachte Monate mit diesem Versuch, bis ich mich damit abfand, dass ich nicht dazu fähig war. Meine Phantasie war ganz und gar auf die Erfindung unseres neuen Lebens gerichtet. Jenseits dieser Notwendigkeit, uns zu retten, Räume zu erschließen und uns in unserem Leben einzurichten, konnte ich nichts erschaffen.

Ich warf alles fort und ließ mir die Zeit zu leben.

Die Trauer ist eine Abfolge von Verwandlungen. Nach und nach häutet man sich, in unablässiger Veränderung. So macht es die Zeit mit allen Menschen, das ist normal. Doch in diesem speziellen Fall folgen die Veränderungen rascher aufeinander.

Vier Jahre danach kann ich sagen: Ich bin nicht mehr derselbe Mensch. Melvil auch nicht. Er ist kein Baby mehr, er ist ein kleiner Mann und topfit.

Während dieser Jahre ist er vom Schweigen und Brabbeln zu den Wörtern und zur Sprache übergegangen. Er ist so schnell groß geworden.

Erst als ich wusste, dass wir stabil genug waren, fing ich wieder an zu schreiben. Und versuchte, diese Häutungen, diese Gischt der Veränderung, vom Verlust sämtlicher Fixpunkte bis zu dem Augenblick, in dem die Wolken fast schlagartig aufreißen, in Worte zu fassen.

In diesem Augenblick beginnt »Danach, das Leben«.

Es sind also nicht wieder zehn Tage, sondern vier lange Jahre, in denen ich viel gelernt habe. In diesem Buch habe ich versucht, die Routinen und die Momentaufnahmen in Worte zu fassen, zu erzählen, wie ich gelernt habe, Vater zu werden, mit den Geistern zu leben, ihnen zuzuhören und den so schmalen Spalt zwischen Leben und Tod zu akzeptieren.

Heute sind wir glücklich und frei. Von unserer Geschichte befreit und durch sie gestärkt.

Melvil und ich haben das »Salz des Lebens« wiedergefunden. Von da an wollte ich wieder schreiben, aber einzig und allein darüber. Ganz einfach schreiben. In der ersten Person.

Über mich. Antoine Leiris. Den Sohn. Den Bruder. Den Vater. Und über dieses ganz besondere Wir, das mein Sohn und ich bilden.

1 Juli 2016

Es ist im Jahr *danach*, im Juli. Ich gebe ihn bei seiner Großmutter ab, damit er mir nicht im Weg ist. Ich küsse ihn, wie man Marshmallows isst – man kann nicht aufhören, man hat den Mund voll, und der Bauch ist ganz verklebt.

Ich verlasse ihn, aber ich möchte ihn bei mir behalten. Dieser Kuss legt sich mir auf den Magen

In der ersten Zeile habe ich geschrieben: »Das Jahr *danach*«. Beim Lesen dieser Worte wird mir bewusst, dass sich meine Sprache verändert hat. Ab jetzt sage ich »davor« und »danach«, wie man vor oder nach dem Fall der Berliner Mauer sagt, vor oder nach dem Zweiten Weltkrieg, vor oder nach der Erfindung des Buchdrucks, vor oder nach Jesus Christus. Es ist der Wendepunkt unserer Geschichte.

Ich habe nie gesagt: »Hélènes Tod«. Ich sage es nicht, und selbst beim Schreiben klingt es falsch. Ich begnüge mich damit, die Dinge vage in die Zeit einzuordnen, mit einem »Davor« oder einem »Danach«.

Mir ist klar, wie hart und vereinfachend das ist. Meine Weise, das Hindernis zu umgehen und dabei einzusehen, dass es unmöglich ist.

Es ist also im Jahr *danach*, im Juli. Ich habe vor, es wie ein Einbrecher leise und im Dunkeln zu tun. Keine Musik, kein Licht, in diesem Augenblick gibt es nichts, was sich überhöhen ließe.

In meiner, in unserer Wohnung warte ich darauf, dass es völlig dunkel wird. Ich schaue aus dem Fenster: Staub fällt auf die Straße unten. Wie ein Körper, der sich aufdrängt und entblößt, aufreizend und quälend, beginnt dichte Feuchtigkeit vom glühend heißen Asphalt aufzusteigen.

Bald ist es so weit.

Ich entkorke eine Flasche Rully – der Weißwein enthält ausreichend Sulfite, damit ich den vor mir liegenden Abend anschließend werde vergessen können – und setze mich mit meinem Glas auf den Boden.

Ich habe mir eine Nacht gegeben, um zu versuchen, die Dinge »gut« zu machen. Wieder weiche ich dem Hindernis aus.

Meine Unaufrichtigkeit springt mir ins Auge: Die

Zeit wird nicht reichen. Um bis zum Morgen fertig zu werden, werde ich mich beeilen müssen, auf die Gefahr hin, nachlässig zu arbeiten. Unmöglich, es in so kurzer Zeit »gut« zu machen. Unmöglich, es mit so wenig Antrieb »gut« zu machen.

Ich muss in wenigen Stunden leisten, was ich seit Monaten vor mir herschiebe: an ihrer Stelle ihre Sachen aussuchen, sortieren und wegräumen, mich der realen Seite der Trauer stellen. Die Wohnung scheint von ihr überschwemmt zu sein. Wasser, ein flüssiger, grenzenloser Körper, der sich ergießt, die Ritzen füllt und sich auf der Oberfläche ausbreitet.

Unsere Wohnung ist intakt; genau wie im Davor. Seit einem Jahr ist alles an seinem Platz geblieben.

Als Jugendliche spielten wir oft dieses Spiel: »Wenn du nur drei Filme auf eine einsame Insel mitnehmen dürftest, welche wären es?« Früher hätte ich ohne zu zögern geantwortet: *2001: Odyssee im Weltraum* von Stanley Kubrick, um endlich die letzte Szene zu verstehen; *The Verdict – Die Wahrheit und nichts als die Wahrheit* wegen Paul Newman; *Unter falschem Verdacht*, um noch einmal die trockene, raue Stimme von Louis Jouvet zu hören.

Heute könnte sich die Frage anders stellen.

»Wenn du nur drei Gegenstände als Erinnerung an dieses Leben mitnehmen dürftest, welche wären es?«

»Wenn du nur drei Gegenstände mitnehmen dürftest, damit dein Sohn später verstehen kann, wie dieses Leben war, welche wären es?«

Erwachsen sein. Für Melvil und für mich denken. Radikale Entscheidungen trifft man im Allgemeinen für sich allein, nicht für zwei.

Ich wünschte, jemand würde mich beraten und mir sagen: In zehn Jahren wird dein Sohn froh sein, wenn er noch dies da besitzt. In zwanzig Jahren wirst du dieses brauchen, in fünfzig wirst du jenen Gegenstand mit Freude betrachten.

Und doch muss ich allein handeln. Und hinterher zu meinen Entscheidungen stehen.

Die Liebe eines ganzen Lebens in dem Augenblick anhalten, in dem sie zerbrochen ist. Sie dann in Bilder und Momente aufteilen. Sie ordnen und sortieren, damit sie in kleine Schachteln passt, und *sie* dann darin wieder leben lassen.

Einen anderen Raum für sie alle schaffen, für *sie* allein, ihn sich ganz vorstellen, durchatmet von dem, was war und nicht mehr ist, vom versunkenen Kontinent.

Ich hänge nicht an den Dingen, sie sind mir lästig, wie Besitz mir überhaupt gleichgültig ist. Seit jeher sind mir Sammeln und Anhäufen fremd, ich baue kein Erbe auf; ich versuche eine Geschichte zu schreiben.

Von meinen früheren Leben habe ich nie etwas behalten. Ich bin aus einer dieser Familien, die sich weder in Stein meißeln noch in die Zeit prägen. Ich weiß noch, dass ich als Kind diejenigen beneidete, die sich auf eine Abstammung, eine vergangene Kultur berufen konnten. Die einen Akzent, eine Farbe, eine Geografie hatten, etwas, was sie von den anderen unterschied und was sie unwillkürlich mit sich trugen.

Wir hatten nichts dergleichen, daher erschien mir noch das geringste Detail außergewöhnlich.

Mir wurde von Aufenthalten auf dem Land erzählt, im Haus der Großeltern, von Spaziergängen am Meer, von Bootstouren, und ich malte mir epische Abenteuer aus, exotische Erzählungen, ein vollkommenes Glück.

Meine einprägsamste Ferienerinnerung hat mit den Bergen zu tun, ein damaliger Freund hatte mich eingeladen, im Sommer für eine Woche mit ins Chalet seiner Eltern zu fahren. Wir hatten eine lange Wanderung unternommen, und sein Vater hatte zu mir gesagt, ich könne klettern wie eine Ziege.

Ich hatte direkt aus dem Fluss getrunken. Ich hatte mein Brot mit einem Opinel-Messer geschnitten. Ich hatte mich zu dieser Geschichte zugehörig gefühlt. Ich war ein Gebirgler, ich hatte es seit Generationen im Blut.

Später habe ich dennoch das typische Verhalten meiner Familie wiederholt, ich habe nichts oder fast nichts aufgehoben.

Ich habe mein Leben lang alles fortgeworfen und neu angefangen. Ich habe Häuser verlassen, um andere zu bewohnen, mit der Leere als Erbe und als Verheißung der Erneuerung.

Dennoch gleicht unsere Wohnung einem Museum. Ich denke an Pablo Nerudas Hütte in Isla Negra westlich von Santiago de Chile, an der Pazifikküste, wo er mit Matilde begraben liegt.

Das Haus, eine Zuflucht aus Holz und Stein, sieht noch genauso aus wie damals, als sie dort zusammen wohnten, alles – maritime Stücke, das Holzpferd – ist noch an seinem Platz.

Im Arbeitszimmer des Dichters ist es ganz wie »früher«. Aus Beschreibungen kennt man dieses riesige Arbeitszimmer mit Blick auf die See, das voll ist mit Gegenständen, die in dem großen Bücherregal lagern. Und manche erzählen, sie hätten, als sie auf seinen Sessel blickten, ihr Herz beben spüren, wie es bebt, wenn man glaubt, in einem weghuschenden Schatten oder in einem sich etwas dichter anfühlenden Lufthauch deute sich die Anwesenheit eines Geistes an.

Die Gegenstände der Toten werden umgehend zu heiligen Gegenständen. Zu Reliquien, zum Beweis dafür, dass jene, die da waren, es nicht mehr sind und dass sie ein eigenes Leben hatten. Dass Hélène ein eigenes Leben hatte. Dass sie ihre Geheimnisse und Ängste hatte, dass sie ihre Schlüssel immer in der Hosentasche mit sich trug, dass sie diese Halskette getragen oder die Bänder jenes Paars Sandalen um die Knöchel geknotet hatte.

Sie sind Bindestriche zwischen dem Hier und dem Anderswo, wo das Lebendige noch ein wenig bleibt. In Details, in Spuren, wie man sie von vergangenen Kulturen findet.

Ich fühle mich nicht im Gleichgewicht. Ich tue, was ich immer getan habe, jetzt jedoch mit dem Gefühl, innere Grenzen zu überschreiten.

Ich bin zugleich der Wächter und der Dieb. Der, der erhält, und der, der zerstört. Der Schänder und der Geschändete.

Vor mir stapeln sich die Kartons. Die Schränke haben ihren unnützen Inhalt auf den Boden ergossen.

Vor dem Schrank, auf dem ein schon seit mindestens einem Jahr nicht mehr eingeschalteter Fernseher thront, steht ein Karton mit Ladegeräten aller Größen und Formen, von denen ich mich nie habe trennen können.

Es ist fast das Einzige, was mich von der Vorstadtwohnung, die ich mit zwanzig als WG-Mitglied bewohnte, bis hierher in die Zweizimmerwohnung im fünfzehnten Arrondissement von Paris begleitet hat, die wir erst kurz davor bezogen hatten. Es war praktisch. Es gab Kinderkrippen und Parks. Und dann fühlten wir uns wohl hier.

Dabei ist es das tristeste Viertel von Paris. Es ist weder jung noch schön, es schläft um neun Uhr abends ein und wird von den Schulklingeln wieder geweckt. Es wird geprägt von den nach dem Krieg wieder aufgebauten großen Miethäusern mit ihrer Architektur und dem dazugehörigen Lebensstil. Man wohnt hier, man kauft hier ein, man geht sonntags spazieren, man macht Kinder, man wird alt, man stirbt, und das war's.

Unsere Vergangenheit im Achtzehnten trage ich in mir wie eine Schneekugel. Man braucht nur durch das Glas zu sehen, um sich zu erinnern: das Leben, die Straßenverkäufer und der Lärm aus der Kneipe unten im Haus.

Melvils erste Monate mit uns im Schlafzimmer. Die kurzen Nächte und die Sommersonne. Am Tag des Umzugs habe ich einen seiner Schnuller unter der Badewanne versteckt. Zum Zeichen, dass wir hier gewesen waren, und um etwas von uns zu hinterlassen.

Der Rully hilft nicht. Jeder Handgriff grenzt an ein Sakrileg. Ich zittere, als ich auf ihre Schulhefte stoße. Mit dem Finger berühre ich ihre Schrift. Eine Mädchenschrift, schön und ordentlich.

Die Schlingen ihrer L sind vollkommen. Die i-Punkte kreisrund.

In einer anderen Schachtel finde ich Fotos von ihr. Eins von ihrem nackten Körper, das ich in den ersten Wochen nach unserer Begegnung aufgenommen habe. Er ist mit Schwalben bemalt. Ich erinnere mich an ihre Brust in meiner Hand, an die vollkommene Form und die sanften Rundungen.

Einen Augenblick lang spüre ich ihr Gewicht, ihre Leichtigkeit, ihre Fülle, und ich umfange sie. Sich an dieses tief vergrabene Gefühl erinnern: ihre Brust, der Ort, an dem sich unsere Haut berührte. Die Begegnung meines Begehrens und ihres Verlangens.

Die ganze Nacht lang schände ich ihre Schubladen. Ich öffne Schachteln, zerreiße Umschläge, leere Schminktöpfe. Ich werde immer schneller. Ich sortiere, ohne nachzudenken, und lasse mich dabei vom Unbekannten leiten.

Ich behalte vor allem das, was sie täglich benutzte. Ihr Handy – das ich nie eingeschaltet habe, aus Angst, mich in ihre Geheimnisse zu drängen, den Beweis für eine Untreue, für einen Überdruss zu finden, es gehörte ihr, nicht mir.

Die Schmuckstücke, die sie trug, habe ich in die Schachtel gelegt, in der ich meinen Ehering aufbewahre. Ich habe den Inhalt ihres Nachtschränkchens behalten und ein Bild von uns, auf dem unsere Gesichter von der Londoner Kälte gerötet sind.

Dann denke ich über die Logistik nach, über alle möglichen Ordnungskonzepte: Ich könnte ihre Reliquien nach den Schränken sortieren, in denen sie aufbewahrt worden waren, nach ihren Lebensabschnitten, nach der Nützlichkeit oder dem Wert. Ich könnte es ordentlich machen, organisiert und überlegt.

Stattdessen räume ich alles nur aufs Geratewohl in Kartons und verschließe sie. Als die Sachen gut weggepackt sind, beschrifte ich die Kartons mit einem dicken schwarzen Filzstift: »Hélène«. Als hätte ihr der Tod nur noch ein Wort gelassen, einen Vornamen.

Die Sonne geht auf. Ich habe knapp drei Stunden geschlafen. Ich habe mein feuchtes Haar zurückgekämmt und mir ein Handtuch um die Taille gebunden. Ich komme aus der Dusche.

Der graue Schleier über Paris lässt die Stadt apokalyptisch wirken. Das Licht dringt nicht durch, der Horizont scheint es einzuschließen und festzuhalten; bald wird es in orange getönten Strahlen durchbrechen.

Mein Bruder holt die Sachen ab. Es muss schnell gehen. Damit ich keine Wahl mehr habe. Alles ohne Sinn und Verstand in den Lieferwagen räumen. Durch das Treppenhaus hoch- und runterlaufen. Schuften, damit das Kopfweh aufhört. Nicht mehr denken. Weggehen.

In der neuen Wohnung packe ich alles in Windeseile aus. Als Erstes räume ich Melvils Zimmer ein, dann das Wohnzimmer und mein Schlafzimmer.

Ich will, dass alles für seine Ankunft bereit ist, dass es lebendig wirkt. Es muss dem gerecht werden, was ich ihm in Aussicht gestellt habe: ein Abenteuer.

Ich male ihm alles wie ein Abenteuer aus. Wir sind wie diese Findelkinder aus den Geschichten auf den Straßen unterwegs, zwei Rémis von Malot, immer auf dem Weg zur nächsten Etappe unserer Reise.

Wir verbringen unsere Tage damit, den Sambesi hinaufzuschippern oder den Himalaya zu besteigen. Wenn wir meine Schwester besuchen, ist das wie die legendäre »Expedition Seidenstraße«, auf eigene Gefahr reisen wir durch unbekannte Länder.

Dort fürchten wir uns vor den Eingeborenen, die andere Sitten haben als wir. Wir stellen uns Tieren, die nur dem Namen nach Haustiere sind, Meuten von Hunden mit Tennisbällen im Maul, Raubkatzen, die auf Fensterbrettern hingegossen auf ihre Beute warten, riesigen Insekten, die womöglich schreckliche Krankheiten übertragen.

Wir wagen uns in die Außenwelt, bieten uns dem Draußen schutzlos dar.

Unsere neue Wohnung im sechsten Stock eines modernen Gebäudes ist jetzt also dieses noch unerforschte Gebiet. Das nächste Abenteuer beginnt unten, mitten auf dieser schnurgeraden anorganischen Straße.

Es gibt kein einziges Geschäft und sehr wenige Passanten. Eine Schule sorgt morgens, mittags und nach Schulschluss für Leben. Einige Minuten zwitschert es, und dann hört man, wie sich die Stille wieder ausbreitet.

Unser Haus ist neu und praktisch. Es hat jeden Komfort. Davor hätte ich das nicht ertragen. Ich mochte die alten Steine, ihre Schönheit und ihre Geschichte. Die Vorstellung von einem vor und einem nach uns; dass wir von unserer Zeit Besitz ergriffen, zu einem Ganzen gehörten.

Doch ich habe mich daran gewöhnt, an das Moderne, das Multifunktionale, das Individuelle, das Neuartige, das Neue. Ohne ein Davor, ohne jede Art von Davor. Ich wende mich begeistert dem Jetzt und Sofort zu, dem Substrat, dem Praktischen, Vorübergehenden, Waschbaren, Schallgedämmten, den rechten Winkeln und den weißen Wänden.

Aufbruchsbereit sein, ständig in Bewegung.

Anders als bei den alten Gebäuden ist das Treppenhaus nicht das Herz des Hauses. Abends hört man nichts, weder verliebte Pärchen, die es eilig haben, nach Hause zu kommen, noch besäuselte Nachtschwärmer, die sich im Stockwerk irren. Und morgens hört man auch nicht, wie die Schulkinder die Treppe hinunterrennen.

Unser Treppenhaus ist nur ein Notausgang. Wenn er nicht gerade defekt ist, benutzen wir den Aufzug. Wie alle anderen auch.

In den Gemeinschaftsräumen ist der Boden mit Linoleum ausgelegt. Es macht Krankenhausgeräusche, es quietscht, wenn man darüber geht. Das Licht ist grell. Wie mir die Concierge sagte, sind die Wohnungstüren einmal neu gestrichen worden, in Rot. Nach wiederholten Beschwerden der Mieter strahlen sie jetzt wieder im ursprünglichen Meeresblau.

Dennoch haben sich die Architekten, als wollten sie von der tristen Regelmäßigkeit des Gebäudes ablenken, eine gewisse Freiheit erlaubt. Es gibt da diese durchbrochene Metallstruktur um unseren Balkon und die Balkons der drei Stockwerke über uns.

Eine seltsame gewölbte Form, die an ein Schiffssegel erinnert. Es passt wunderbar zu einer Reise.

Ich wollte gern den ersten Schritt tun. Wie ein Führer, der das Terrain erkundet, die Wassertiefe testet, sich vergewissert, dass das Eis dick und der Knoten fest genug ist. Jetzt will ich es ihm zeigen.

Sobald die Wohnung eingerichtet ist, hole ich Melvil bei seiner Großmutter ab. Ich stelle bei ihr einen Karton mit Sachen aus der alten Wohnung ab. Ich gebe ihr ihre Tochter zurück; ich behalte meine Frau. Von jetzt an sind sie zwei Personen, sie werden nie mehr dieselbe sein. Sie werden jede unabhängig von der anderen in unseren Erzählungen über sie weiterleben.

Sie werden nicht denselben Charakter, dieselbe Schönheit, ja nicht einmal denselben Familiennamen haben.

Sie werden sich nicht auf dieselbe Art kleiden und nicht über dieselben Themen sprechen. Nicht dieselbe Stimme haben und nicht dieselben Worte aussprechen. Nicht am selben Tag geboren, aber im selben Moment, am selben Ort gestorben sein.

Melvil springt mir in die Arme. In die Arme springen. Schwung holen und losrennen. Sich blindlings entgegenwerfen und alle Kontrolle aufgeben. Ich bin zugleich das springende Kind und die Arme, die es in Empfang nehmen.

Mit dem Lächeln eines Menschen, der eine Prüfung bestanden hat und im Blick des anderen nach den verdienten Glückwünschen sucht, sage ich zu ihm: »Jetzt gehen wir in unser neues Zuhause.«

Er hält meine Hand. Ich nutze den Weg, um seine Aufregung noch zu steigern. Ich will ihn glücklich machen, um Enttäuschung, Zweifel und jede Infragestellung zu vermeiden.

Ich erzähle ihm von seinem Zimmer mit seinem Spielzeug darin. Vom neuen Wohnzimmer. Ich habe einen kleinen Tisch gekauft, ganz allein für ihn, an dem er malen und seinen Nachmittagsimbiss essen kann.

Im Aufzug nehme ich ihn auf den Arm, damit er auf den Knopf drücken kann, der noch zu hoch für ihn ist. Er hat Spaß, lächelt.

Wir treten ein, eins nach dem anderen enthülle ich ihm die Zimmer. Ich fürchte, dass es ihm nicht gefällt, dass er denkt, das hier sei nichts für uns, es sei zu eckig und kantig, zu abgemessen, zu betoniert für ein Zuhause.
Er schweigt wie ein Katzenjunges, das lange an einem Napf Milch schnuppert, bevor es das Mäulchen hineintaucht. Ich öffne die Tür zu seinem Zimmer. Endlich überkommt ihn die Freude. Das Vertraute wiederfinden. Mit einem Satz stürzt er sich auf die Kiste mit den Spielzeugautos.
Wortlos, damit er ganz in seinem Tempo die Orientierung wiedergewinnen kann, gehe ich hinaus und setze mich auf das Sofa im Wohnzimmer. Die Furcht hat mich nicht ganz verlassen, später werde ich begreifen, dass sie nie ganz gehen wird.

Einige Minuten darauf höre ich ihn mit seinen kleinen Schritten zu mir kommen. Er setzt sich neben mich und sagt, er wolle gern nach draußen. Natürlich will er nach draußen, zurück in die Außenwelt, und sie erkunden.
»Magst du dein neues Zuhause?«, frage ich ihn.

»Ja.«
»Dann gehen wir jetzt raus.«
Er lächelt. Wir gehen raus. Eine einfache Freude. Die eines Kindes. Draußen geht es uns besser als drinnen, denke ich.

Wir kommen erst am Abend zurück. Ich bringe ihn in seinem neuen Zimmer zu Bett, ich habe das Bett von vorher behalten. Als ich das Licht ausmache, sage ich: »Keine Sorge. Dieses neue Zuhause ist nur zum Schlafen da.«

2   Oktober 2016

Unsere Zimmer sind genau gleich groß. Und wir haben jeder unser Spielzeug.

Bei mir sind es alte Armbanduhren ausgestorbener und wieder zum Leben erweckter Marken, deren Namen angenehm nach dem industrialisierten Frankreich klingen – Lip, Yema, Baltic oder Jaz.

Ich bewahre sie sorgsam in ihrem Kasten auf und trage sie jeweils passend zur Gelegenheit. Rallygraf, Aquascaphe, Nautic-Ski, Jazistor – jede die ums Handgelenk geschnallte Verheißung eines Abenteuers.

Bei ihm ist es ein Berg von Autos, Plastikfiguren und Knetmasse. Insbesondere besitzt er eine Sammlung von Baumaschinen, die jeden Polier vor Neid erblassen lassen würde.

Ich bin stundenlang durchs Internet gesurft – eine wahre Odyssee –, um die Modelle für ihn auszusuchen. Nachdem ich zahlreiche Blogs und Käuferbewertungen konsultiert hatte, fand ich eine japanische Marke, die die genauesten und teuersten Nachbildungen herstellt. Ich kaufe sie in rauen Mengen, nicht nur, um ihn zu verwöhnen, auch zu meinem eigenen Vergnügen.

Ich bin sechs Jahre alt, habe das Gehalt eines Erwachsenen und möchte das ganze Spielzeuggeschäft. Mit vollbeladenen Armen komme ich nach Hause und lege mich in meinem Zimmer auf den Teppich, um zu spielen. Damit kann ich Stunden, ganze Tage zubringen. Mein Vater ruft mich zum Abendessen.

Unsere ersten Wochenenden nach dem Einzug verbrachten wir in Möbelgeschäften, um die Stücke zu ersetzen, die nicht in die Wohnung gepasst hatten, und um die Lücken zu füllen, die der zusätzliche Raum ließ.

Ich wollte, dass es bewohnt aussähe, dass wir trotz allem einer Umgebung unseren Stempel aufdrückten. Denn das, fand ich, sei gut für einen Vater und seinen Sohn. Ich dachte an die geschiedenen Männer, die ihre Wohnungen einrichten, um ihre Kinder zu empfangen. Die Möblierung muss eine beruhigende Geschichte erzählen: *Papa geht es gut. Hier wird es auch euch gutgehen.*

Also hängte ich Fotos von uns an die Wand. Ich war zu feige, um wieder tief in die Kisten zu greifen, ich nahm, was obenauf lag. Dazu gehörten die Bilder von unserer ersten Begegnung, unseren Reisen, von Geburtstagen, von unserer Hochzeit, der Schwangerschaft und der ersten Zeit mit Melvil.

Ich habe eins der wenigen erwischt, auf denen wir alle drei zu sehen sind, auf dem Fest der Kinderkrippe. Melvil trägt noch den am Pulli festgeklippten Schnuller. Er ist pummelig. Rings um den Mund hat er Spuren des Schokoladenkuchens, den wir gebacken haben. Danach werden wir das schöne Wetter ausnutzen und in den Park gehen.

Auf einem anderen Foto sitzt er auf den Schultern seiner Mutter, wir gehen morgens auf den Markt. Sie ist fest entschlossen, selbst Kompott zu kochen, und er wird sich ebenso entschlossen weigern, es zu essen.

Und dann gibt es da noch das Bild, das wir in einem Kahn im Jardin d'Acclimatation aufgenommen haben. Ich habe meine Hand um seine Schulter gelegt, und er schmiegt sich so ängstlich an mich, als würde ihn das Objektiv gleich auffressen.

Ein letztes Bild zeigt meinen kleinen Bruder, meine große Schwester und mich als Kinder. Mein Bruder in seinem kanariengelben Poloshirt wird von zwei strahlenden zahnlückigen Lächeln eingerahmt.

Außerdem habe ich hier und da einige Gemälde ohne besonderen Wert aufgehängt, die Hélène von ihrem Vater geerbt hatte, Landschaften im niederländischen Stil, ihre ruhigen Szenen stehen im Kontrast zur Besorgtheit des Betrachters, der dieser Leere allein gegenübersteht.

Auf dem Bücherregal stehen Hüllen von Vinylplatten, die wir, mangels eines geeigneten Plattenspielers, nicht mehr hören. Sally, die nicht mehr tanzen kann und ihre Melancholie, die auch eine Sonnenbrille nicht zu verbergen vermag, auf Lou Reed zu übertragen scheint; die Sticky Fingers der Stones mit dem echten Hosenschlitz von Mick daraufgenäht; die Skyline von Nashville, in dieser Hülle ist einer unserer Lieblingssongs: »Girl from the North Country«, gesungen von Bob Dylan und Johnny Cash. Wieder eine Reise.

Überall stehen Bücherkisten herum. Ich habe ein Sofa aufgebaut, das inzwischen mit Filzstiftspuren getigert und mit geschmolzener Schokolade befleckt ist. Und da ist auch noch mein brauner Ledersessel – »Papas Platz«.

Ich habe gefüllt. Aus Angst vor der Leere habe ich die Wände und den Raum gefüllt. Auch aus Angst vor den anderen. Aus Angst vor ihrem Urteil über uns beide, über mich.

Ich hatte Angst, sie würden aus der Einrichtung der Wohnung meine Ohnmacht herauslesen, meine Unfähigkeit, diese Familie allein zu organisieren.

Dieses Dekorieren hat mich beruhigt. Die Besucher stellen fest, dass wir noch leben, dass wir die Räume bewohnen. Es fehlt uns an nichts und an niemand.

Ich habe den Rahmen ausgefüllt und alles andere weggeschoben. Ich wusste nicht, was ich damit anfangen sollte.

Am Umzugstag wurden die Sachen aus dem Davor in Kellern zwischengelagert, bei meinem Bruder, bei meiner Schwester und im zweiten Untergeschoss dieses Hauses, in einer kleinen Kammer, die nicht genug Platz für alles bietet – am Ende eines langen Gangs die letzte Tür links.

Weggeschoben hieß: außer Sicht, aber nahe bei uns. Es ist da, das weiß man auch, ohne es zu sehen. Es ist da, wir wissen noch nicht, wohin damit. Und es lebt, jenseits von uns.

Einige Wochen nach unserem Einzug kam ich eines Nachts nicht mehr dagegen an. Ich ging nach unten, öffnete das Vorhängeschloss und ließ es so, um zu sehen, was passieren würde, ob jemand den Raum betreten und ihn wieder verlassen würde, ob die Dinge geschehen würden, ohne dass ich etwas entscheiden musste.

Als ich am Tag darauf zurückkehrte, war das

Schloss wieder verriegelt. Ich legte das Ohr an die Tür und horchte, ob sich drinnen etwas bewegte. Zwischen meinen Füßen rannte eine Maus auf die Tür los und drückte sich flach unter ihr hindurch.

Ich zuckte zusammen und fühlte mich dumm. Was hatte ich mir erhofft? Etwas Magisches? Aus einem bösen Traum aufzuwachen und zu entdecken, dass der Keller geleert und die Sachen irgendwo an ihrem Platz verstaut worden waren?

Ich wollte die Tür nicht öffnen. Dazu fühlte ich mich nicht befugt. Ich hatte ganz zuinnerst das Gefühl, dass von nun an jemand dort wohnte. Dieser Ort, der nah genug ist, um nicht völlig fremd zu sein, und fern genug, um vergessen zu können, gehört Hélène.

Die Erinnerung an sie hat die vorherige Wohnung verlassen und ist in diese Kartons gezogen. Das hier gehört ihr, wir können sie besuchen. Das Heilige ist direkt unter unseren Füßen.

Melvil und ich fürchten uns weder vor Kellern noch vor Speichern. Was andere verschreckt, weckt unsere Neugier. Wir sind beide gleichermaßen davon besessen: wühlen, den Staub aufwirbeln, eine Spinne auftauchen sehen und sie weglaufen lassen.

Während der ersten Monate besteht Melvil darauf mitzukommen, wenn ich in den Keller gehe. Wir bringen dort noch andere Möbel hin, aber *ihre* Sachen lassen wir unberührt. Wir räumen oben auf den Stapel. Fügen Schichten hinzu. Was von der vergehenden Zeit übrig bleibt. Von den Jahreszeiten. Im Sommer verstauen wir dort die zu klein gewordenen Wintersachen. Im Winter die Sommersachen. Wir entsorgen dort, was uns im Weg ist.

Zu seinem dritten Geburtstag ersetze ich Melvils Gitterbettchen durch ein Erwachsenenbett. Das alte Bett muss in den Keller.

Ich öffne die Tür, schätze die Größe des Bettchens und den verbleibenden Platz ab. Er reicht nicht, in diesem kleinen Raum ist es zum Ersticken.

Ich hätte mir einen Tag freinehmen, alles öffnen und sortieren können. Oder ich hätte das Gitterbett wegwerfen können. Ich hätte es auch ganz einfach auseinanderbauen können.

Stattdessen rücke ich unvermittelt, als würde jemand anders an meiner Stelle handeln, die Kartons mit Hélènes Kleidung aus den wenigen Quadratmetern heraus, in denen sie lagerten. Eigentlich möchte ich alles so behalten, unverändert, obwohl ich weiß, dass wir Platz schaffen müssen. Wir können nicht jedes Mal, wenn wir in unserem Buch eine neue Seite aufschlagen, ganz an den Anfang unserer Geschichte zurückgeführt werden.

Ich zögere kurz und beschließe dann, ihr Hochzeitskleid zu behalten, außerdem ein geblümtes Kleid, in dem sie wie eine Heldin von Rohmer aussah, und den Lederblouson, den sie an jenem Abend getragen hat.

Alles andere werfe ich weg, ohne mir Zeit zum Nachdenken zu lassen, und habe dabei das Gefühl, mir etwas anzueignen, was mir nicht mehr gehört. Die Briefe, die Fotos, die Kleidungsstücke, sie waren der neue Körper, den der Tod Hélène gegeben hatte. Ein Körper aus verschiedensten Gegenständen, aus Stoff und Papier, aus Plastik und Glas. Ein aufgesplitterter Körper, den ich nun zerreiße, um mich von ihm zu befreien.

Ich habe nicht geweint. Später werde ich Zeit zur Reue haben. Ich habe unwillkürlich entschieden. Ich habe für Melvil entschieden. Ich habe mich dafür entschieden, dass sich die Erinnerungsschichten absetzen dürfen.

So ist das: Niemand entsorgt seine Geschichte auf einen einzigen Schlag. Man wirft sie Stück für Stück weg, immer wenn nicht genug Platz da ist, und lässt sich dabei gerade genug Zeit für eine letzte Gefühlsaufwallung.

Damit verändert sich die Geschichte, sie ist nicht mehr dieser Zeitstrahl, auf dem man die Dinge, die

Ereignisse und die Gegenstände vertäuen kann. Sie wird dieses paradoxe Ganze, aus dem nur noch die prägnantesten Gefühle auftauchen. Die Liebe. Das Fehlen. Bruchstücke. Gerüche. Augenblicke.

Erschöpft und erleichtert wie angesichts eines sauberen, leeren Spülbeckens, nachdem die Geschirrberge endlich gespült sind, stelle ich das Holzbettchen vorsichtig auf die freigeräumte Fläche. Mit dem Gefühl, einen weiteren Schritt getan zu haben, gehe ich wieder zu uns nach oben und packe dann alles in große schwarze Müllsäcke, die ich in der Wohnung abstelle.

Ich will ihre Sachen nicht verschenken, sie sollen auch nicht von Mülltauchern in alle Winde zerstreut werden. Ich möchte lieber wissen, dass sie verschwinden, irgendwo enden. Ich will nicht, dass jemand anders sich Stücke von ihr aneignet.

Am späten Nachmittag hole ich Melvil aus der Krippe. Ich komme mit ihm in die Wohnung, und er sieht die großen Plastiksäcke, sagt aber nichts. Ich kündige ihm an, dass wir sie gleich nach unten bringen werden. Ich nehme einen. Er macht es mir nach und nimmt den kleinsten. Wir laden uns die Arme voll.

Unten bauen wir uns schön gerade auf. Gleich ist

der Moment, in dem üblicherweise der Müllwagen kommt. Wie alle Kinder seines Alters ist Melvil fasziniert von diesen großen Maschinen. Dieser Lärm. Und das Ballett drum herum.

Zwei grüne Männer steigen von den Trittbrettern hinten am Müllwagen. Sie sehen uns an und lächeln ihm zu. Zwischen ihnen entsteht eine ganz spezielle Verschworenheit. Ich werfe den ersten Sack, und dann beginnt Melvil, fröhlich und vermutlich stolz darauf, es so zu machen wie ich, mir beim Tragen zu helfen.

Mir ist, als wüsste er, auch wenn er nicht versteht. Oder vielleicht geht es gar nicht darum. Er freut sich, es so zu machen wie ich. Das ist der Sinn dieser Verbindung, der Vaterschaft. Ihn in meine Fußspuren treten zu lassen, in die seines Vaters.

Die beiden Männer loben den kleinen Kerl, der da in Hausschuhen und Schlafanzug auf dem Bürgersteig steht. Melvil hebt die Hand, um ihnen einen kleinen Gruß zuzuwinken.

Der Laster fährt wieder an, ein Sarg voller Stoff.

Es ist zu Ende.

Ihre Sachen sind fort. Eines Tages, das weiß ich, wird er mich fragen, warum wir alles weggeworfen haben. Dann werde ich meine Entscheidung sicher bereuen, aber ich werde in der Lage sein, ihm ihren Sinn zu erklären: ihn vom Gewicht dieser Gegenstände zu befreien, damit er liebevoll in Ehren halten kann, was er erlebt und gespürt hat.

Wir können jetzt eine Legende erfinden darüber, wie diese Sachen uns verlassen haben, wir können Anekdoten über sie erzählen, die vielleicht nicht ganz wahr sind, und ihnen so viel Schönheit geben, wie wir mögen.

Wir können ihnen für immer die Kraft der Träume verleihen und mit dieser Kraft leben.

Wir fahren wieder hoch zu unserem Schiffssegel. Melvil geht in sein Zimmer, um sich seine Bücher anzuschauen. Ich in die Küche, um das Abendessen vorzubereiten.

Er kommt aus dem Zimmer und sieht nach Dummheiten aus. Er läuft durch den Flur und baut sich vor mir auf, leicht vorgeneigt, mit vor dem Körper verschränkten Händen, die Füße in den Boden gestemmt und den Kopf erhoben. Er hat sich einen Streich ausgedacht und zappelt vor Ungeduld.

»Wie heißt du?«, fragt er mich. Ich beuge mich ebenfalls zu ihm vor, um ihm zu zeigen, dass ich ganz Aufmerksamkeit bin. Darauf hat er nur gewartet. Ich spüre, wie seine Aufregung steigt. Es fällt ihm schwer, den Marienkäferschwarm in seinem Mund zurückzuhalten. Er stampft mit dem Fuß auf, wahrscheinlich kitzeln ihn die Käfer allmählich am Gaumen.

Eine rote Wolke mit schwarzen Tupfen stiebt auf mich zu, als er mit einem lauten Auflachen »Du heißt Geppetto!« hervorstößt.

Ich verstehe nichts.

Er hüpft wieder in sein Zimmer zurück – ich sage hüpft, aber vielleicht rennt er auch oder macht Wechselschritte oder springt auf einem Bein oder tanzt, denn wie alle Kinder seines Alters hat Melvil das normale Gehen verlernt, er bewegt sich nur noch in Arabesken vorwärts.

Mit einem Buch in der Hand kommt er zurück. Bevor sie uns wegen eines achtmonatigen Praktikums verließ, hat ihm sein Kindermädchen »Alessandra Nummer zwei«, wie er sie nennt (das erste hieß ebenfalls Alessandra), diese Geschichte aus ihrer italienischen Kindheit geschenkt. Jetzt überreicht er mir, als wäre es ein heiliges Buch, mit durchgestreckten Armen, gestrafftem Rücken und aneinandergepressten Füßen Carlo Collodis *Pinocchio*.

Sein Lächeln strahlt weit über seinen Mund hinaus.

»Und du, wie würdest du mich nennen?«

Ich verstehe immer noch nicht. Er nimmt mich bei der Hand und setzt mich auf meinen Sessel. Mit einem Satz schnellt er in die winzige Lücke, die ich immer zwischen der Armlehne und mir lasse, und schmiegt sich hinein.

Ich solle lesen, gibt er mir mit einem Zeichen zu verstehen.

»Es war einmal ein Stück Holz. Es war kein feines Holz, sondern ein einfaches Holzscheit, wie man es im Winter in den Ofen wirft, um Feuer zu machen und das Zimmer zu erwärmen. Ein Holzscheit, das weinte und lachte wie ein Kind.«

Er beginnt sich zu winden, als das Holzscheit zu dem Schreiner sagt, der Hobel kitzle es am Bauch.

Sein Körper spannt sich immer mehr an, je näher wir der Stelle kommen, auf die er schon so lange wartet.

»Sobald Geppetto seine Wohnung betreten hatte, nahm er sofort sein Werkzeug und begann mit seinem Hampelmann. ›Welchen Namen soll ich ihm geben?‹, fragte er sich.«

Ich komme nicht dazu, den Satz zu beenden, schon platzt er vor Vergnügen.

»Und du? Wie würdest du mich nennen?« Ich verstehe immer noch nicht, was er mir sagen will, aber ich spüre, dass ich keinen Fehler machen darf, wenn ich ihm die Freude nicht verderben will.

Ich tue so, als hätte ich nichts gehört. Während ich nachdenke, lese ich weiter: »›Welchen Namen soll ich ihm geben?‹, fragte er sich. ›Pinocchio will ich ihn heißen!‹«

Er wirft sich sofort auf mich und verdreht meinen Arm in alle Richtungen wie diese Clowns, die aus schlauchförmigen Luftballons Tiere formen.

Wenige Sekunden später habe ich einen Zwergpudel auf der Schulter. Melvil springt auf mein Bein wie ein Pferd über ein Hindernis, als würde die Zeit für einen Moment angehalten. Er macht es sich auf meinem Schoß gemütlich, kuschelt sich in meinen Arm und hebt das Gesicht zu mir auf.

Und in diesem Augenblick bemerke ich die Illustration zum Text. Melvil hat dieselbe Stellung eingenommen wie die kleine Holzpuppe in den Armen ihres Schöpfers.

Lachend fragt er mich wieder: »Und du, wie heißt du?«

Endlich habe ich verstanden. Papa braucht immer ein bisschen länger.

Ich antworte ihm wunschgemäß, ich hieße Geppetto.

Seine Augen leuchten wie der Himmel über Paris am Nationalfeiertag.

»Und du, wie würdest du mich nennen?« Mit

einem ziemlich unecht wirkenden italienischen Akzent antworte ich ihm, dass ich ihn Pinocchio nennen werde.

Denken, dass dieses Kind von mir ist, dass ich sein Vater bin. Lust haben, ihn in die Arme zu schließen. Merken, dass er schon unter Gelächter entwischt ist und zwischen den Lachkaskaden immer wieder ruft: »Ich nenne dich Pinocchio!«

Die Geburt wieder vor Augen haben. Den fremdartigen, fremden Körper. Dieses blutige, schleimige Ding. Sohn der Liebe und der Schönheit.

Er schreit nicht laut genug, es ist nichts Schlimmes, aber man bringt ihn in den Nebenraum. Die Hebammen laden mich ein mitzukommen. Hélène gibt mir ein Zeichen, ich solle mitgehen.

Sie legen ihn auf einen kleinen Tisch unter einer Wärmelampe. Sie lassen ihn eine imaginäre Treppe hinaufgehen, beugen seine Beine, beglücken mich mit einem lateinischen Begriff, um mir zu erklären, es sei normal, dass zwischen den Pobacken meines Sohns eine Art Teer austritt, sie berühren seine Hoden, und er reagiert sofort, »das jedenfalls funktioniert schon mal«, sagen sie.

Er wird in alle Richtungen gedreht und gewendet. Die Hebammen gehen mit ihm um wie ein Schlachter mit einem Stück Suppenfleisch. Geschickt und mit Liebe zur Sache. Ihre Schürzen sind blutbefleckt. Mein kleiner Braten ist gut gewickelt.

Und dann wird es still. Nachdem ein Arzt mir gesagt hat, alles sei gut, sind alle mit einem Schlag weg. Und ich stehe allein da vor diesem kleinen Stückchen Fleisch und Blut mit den großen dunklen Augen.

Er liegt vor mir, und ich weiß nicht, ob ich ihn anfassen darf, die Hebammen haben mir keinerlei Anweisung gegeben, ich weiß nicht, was ich ihm sagen soll, ich weiß nicht, was ich denken soll, er ist da, als wäre er immer schon da gewesen und als hätte ich ihn bloß nie bemerkt. Er ist da.

Er ist immer noch da. Dicht neben mir; er ist zurückgekommen und bittet mich, ihm die Geschichte weiter vorzulesen.

Ich lese weiter. »Als er so den Namen für seinen Hampelmann gefunden hatte, machte er sich tüchtig an die Arbeit; zuerst die Haare, dann die Stirn, dann die Augen. Kaum waren die Augen fertig, da bewegten sie sich aber auch schon und schauten den Geppetto scharf an. Nun stellt euch einmal die Verwunderung des armen Alten vor!«

Spüren, wie er sich entspannt.

Mein kleines Stückchen Holz mit den runden geschnitzten Augen lässt sich fallen. Er schläft in seiner Plastikschachtel mit dem orangefarbenen Licht ein.

»Als Geppetto die Füße fertig hatte, ... fasste er den Hampelmann unter die Arme und stellte ihn auf die Diele, um ihn das Laufen zu lehren. Pinocchios Beine waren noch ganz steif, und er konnte sie noch nicht bewegen. Geppetto führte ihn an der Hand und zeigte ihm, wie er ein Bein vor das andere setzen müsse.«

Zeilen wie aus unserem Leben. Die ersten Schritte tun, mit steifen Beinen, hinfallen, wieder aufstehen und lernen, einen Fuß vor den anderen zu setzen.

3   Mai 2017

Wir haben unsere Routine. Sie steckt unseren Raum ab, gibt den Rhythmus vor und legt unsere jeweilige Rolle fest. Sie ist dieser Ort, an dem man sich gut fühlt, in Sicherheit, geborgen. Sie ist bequem, die Gewohnheit; keine Erwartungen, also auch keine Enttäuschungen.

Seit dem Tag danach ist es das, woran ich mich klammere. Sie ist das Einzige, worauf ich Einfluss habe; ein Rettungsring. Den Alltag organisieren, damit alles gut geregelt ist, rechtzeitig und pünktlich getan, damit alles an seinem Platz ist. Bloß nichts Unvorhergesehenes zulassen.

Dank der Gewohnheiten gelingt mir das, was ich mir nicht zugetraut hatte: Ich führe unseren Haushalt.

Anfangs ist es eine Antwort auf die Angst. Strukturieren. Das Schwindelgefühl überwinden. Rahmen errichten wie Mauern. Es »gut« machen, damit es gelingt.

Mit der Zeit lerne ich, minimale Variationen zu genießen. Ein Vergnügen ohne Gefahr, eine Literatur ohne Autor, ein Wein ohne Trunkenheit. Unsere Tage schreiten voran, Aufgabe für Aufgabe, und sobald man sie erfüllt hat, erkennt man, wie perfekt sie organisiert waren.

Für jeden Augenblick lege ich ein Zeitfenster fest. Einige davon sind unveränderlich – das Aufstehen, das Zubettgehen, die ·Mahlzeiten, die Krippe. Andere können angepasst werden, an die Ziele, die ich selbst definiert habe, oder an unseren üblichen Lebensrhythmus, den ich stets für eine ganze Woche plane – Sport, Malen, Spiel und Entspannung.

Selbst die Freiräume haben einen Rahmen.

Aus Angst vor der Leere fülle ich alle Bereiche der Vaterschaft aus. Ich organisiere Ausflüge, kaufe im Voraus Kleidung für ihn, melde ihn überall rechtzeitig an, sorge täglich für Ordnung und Sauberkeit.

Notgedrungen werde ich zum Experten in Sachen Haushalt, und ganz besonders in Sachen Wäschewaschen. Täglich entdecke ich neue Nuancen und Feinheiten dieser Haushaltskunst.

Ich wusste bereits, dass man die weiße Wäsche von der Buntwäsche trennt und das Waschmittel in die dafür vorgesehene Kammer und nicht direkt in die

Maschine gibt, aber weiter ging mein Wissen nicht. Mein Ehrgeiz richtete sich nur darauf, die Wäsche sauber zu bekommen.

Diese schuldhafte Leichtfertigkeit führte unweigerlich zum Drama. Eines Tages verfärbte ein Lätzchen, das noch schwankte, ob es nun Karminrot oder Blutorange sein wollte, eine Maschine mit weißer Wäsche.

Sämtliche T-Shirts von Melvil, sein kleiner am Hals geknöpfter Pulli, sein Badetuch, alles hatte die Farbe von Räucherlachs angenommen. Die Farbe, die man vor Weihnachten stapelweise in den Supermarktregalen sieht, zwischen Rosa und Orange, von weißen Streifen durchzogen. Die Farbe des Scheiterns.

Es war nur ein Wäschestück, das abgefärbt hatte, doch mit ihm war mein gesamtes Gleichgewicht ausgewaschen worden. Als ich diese Wäsche aus der Maschine zog, versank ich in eine derart tiefe Verzweiflung, dass ich glaubte, ich würde mich nicht mehr von ihr erholen.

Das war der Beweis meiner Ohnmacht, meiner Unfähigkeit, Vater zu sein. Alles würde immerfort zu schwer zu tragen, zu schwer zu tun sein. Kein Sieg wäre mehr zu erringen, und die Niederlagen, im Innern, wären schmachvoll und niederschmetternd.

Dieser Angst musste ich mich allein stellen. Dafür hatte ich nur ein Mittel zur Verfügung, entschlossenes und methodisches Vorgehen. Also fing ich noch einmal ganz von vorn an, arbeitete eine klare Strategie aus und investierte meine ganze Kraft in ihre Umsetzung.

Zunächst tauchte ich bis in die tiefsten Verästelungen der Foren ein, um herauszufinden, welche Waschmittelmarken für Kleinkinder geeignet waren. Ich endete bei einer, die Kapseln mit magischen Eigenschaften anbot, denn sie versprach eine Reise der Sinne in ein Reich, das der Schweizer Bergwelt glich.

Ich ergänzte sie durch einen desinfizierenden Fleckentferner, der 99,9 Prozent aller Bakterien abtötete, wobei nicht mitgeteilt wurde, welche diese 0,1 Prozent wehrhafter Bakterien waren, denen anscheinend kein Haushalts-Reinigungsmittel gewachsen ist.

Ich dachte: Diese 0,1 Prozent an resistenten Bakterien zeigen mit wissenschaftlicher Präzision, was für mich Vaterschaft bedeutet. Es bleibt immer etwas zu tun, man kann nie alles in die richtigen Schubladen legen. Jedes Mal muss man von vorn anfangen. Und selbst dann bleiben immer noch 0,1 Prozent an nicht gelösten Problemen.

Anschließend vertiefte ich mich in die Bedienungsanleitung meiner Waschmaschine. Ich habe viel dabei gelernt, diese Geräte sind weit perfektionierter, als man gemeinhin denkt. Für Wollsachen Handwäsche mit kaltem Wasser – darauf achten, die Stücke danach flach ausgebreitet zu trocknen, damit sie die Form behalten. Baumwolle 40 °C ist das Hauptprogramm für alles gewöhnlich Anfallende. Bei Bett- und Unterwäsche kann man die Temperatur bis 60 °C steigern. Schmusetier, empfindliche Gewebe und Mäntel kommen in die »Feinwäsche«.

Im Trockner werden Kleidungsstücke hart und verschleißen vor der Zeit. Man hängt sie also besser auf.

Auch das ist nicht so einfach, wie man meint. Man sollte sie so lange auf dem Wäscheständer lassen, bis sie wirklich trocken und damit auch geruchlos sind, aber man sollte sie so frühzeitig wegräumen, dass sich kein Staub darauf absetzen kann.

Ich verbesserte meine Technik weiter, indem ich den Wäschekreislauf optimierte. Wenn sich so viel Weißwäsche angesammelt hat, dass es fast für einen Waschgang reicht, verkleide ich meinen Sohn als frisch vom Himmel gefallenen Engel, mit weißem Slip, weißem T-Shirt und weißen Söckchen. Wenn das nicht reicht, gibt es immer ein Handtuch, das mir schon leicht angeschmutzt zu sein scheint.

Mit der Zeit habe ich angefangen, das zu mögen: akkurat aufgehängte Wäscheladungen. Der Wäscheständer ist immer ausgeklappt und voll. Eine unerschöpfliche Quelle der Befriedigung.

An diesen kleinen Siegen berausche ich mich. Ich arbeite, ich kümmere mich um Melvil, und ich führe unseren Haushalt.
Ich will an nichts anderes denken, nichts anderes tun. Ich will dieser Mann sein, mich so definieren. Ich will auch von anderen so definiert werden, durch meine Nützlichkeit meinen Platz finden.
Also füge ich unseren Gewohnheiten weitere hinzu. Die Wäsche, die Einkäufe, das Abendessen, das regelmäßige Fensterputzen und das Aufräumen der Schlafzimmer. All diese Routinen bilden eine Schutzwand gegen das Leben. Dieses Leben, das mir immer wieder Knüppel zwischen die Beine wirft und spöttisch lächelnd zusieht, wie ich hinfalle.
Dieses Leben, das für mich entschieden hat und es nun mir überlässt, damit zurechtzukommen.

Und das tue ich, ich komme zurecht. Ich errichte ein rechteckiges Leben ohne Unebenheiten und Überraschungen. Das Leben muss seine Gegenwärtigkeit, seine Unmittelbarkeit und seine Spontaneität verlieren. Es wird künstlich sein, zusammengebastelt aus dem, was ich in Erziehungsratgebern gelesen oder mir bei meiner Schwester abgeschaut habe.

Etwas gut Organisiertes und Sanftes. Ein Musterhaus, das man besichtigt und das einem gefällt, beruhigend, praktisch, gut aufgeräumt. Man sieht es bereits fertig vor sich, ohne sich um seine Planung und seinen Bau kümmern zu müssen. Ein schlüsselfertiges Leben.

Ich muss zwei zugleich sein. Vater und Mutter. Weil das unmöglich ist, muss ich ein perfekter, idealer und untadeliger Vater sein.

Ich betrachte es als Schlacht. Gegen mich selbst und gegen den Rest, den großen Gegner. Ich führe Krieg. Ich schlage, boxe und mache nieder. Jeden Tag baut sich ein neuer Koloss vor mir auf, zu einem neuen Kampf mit ungleichen Waffen – denn er spürt weder die Heftigkeit der Schläge noch den Schmerz der Verletzungen, noch die Müdigkeit.

Ich kämpfe, und die Momente des Friedens machen mir Sorge: Sie lenken mich ab, hindern mich, den Feind zu sehen, der auf mich zukommt. Die Augenblicke des Glücks sind ein Vorspiel zum Chaos.

Den Krieg als Erbe in mir tragen. Ihn meinerseits an meinen Sohn weitergeben. An ihn, der durch eine

Maschinengewehrgarbe ein zweites Mal geboren wurde.

Ich führe Krieg gegen all jene, die für ihn denken. Krieg gegen die Ereignisse. Krieg gegen das Schicksal. Krieg gegen das Leben. Krieg. Krieg für ihn. Auch Krieg gegen ihn.

Manchmal dieser Eindruck einer Mauer zwischen uns. Er ist auf der anderen Seite. Ich sehe ihn ratlos auf der Stelle treten. Er hört mich nicht. Er ist in sich. Ich bin auf der anderen Seite. Es ist nicht so, dass er mir nicht zuhören würde, es ist eher so, dass ich nicht zu ihm spreche. Da ist er, anderswo, in seinem Goldfischglas, und ich beobachte ihn aus meinem heraus.

Ich muss mich beruhigen, mir Siege zuschreiben können, so unbedeutend sie auch sein mögen, und deshalb hake ich von morgens bis abends Listen ab, so wie man auf dem Einkaufszettel eines nach dem anderen ausstreicht.

Pünktlich aufstehen. Küsschen. Anziehen. Frühstück. Zähne. Zur Krippe gehen. Rückkehr von der Krippe. Bad. Abendessen. Zähne. Kuscheln. Pünktlich schlafen gehen. Letztes Pipi. Wieder schlafen gehen.

Um mir noch mehr Struktur zu geben, stelle ich auch ein Benotungssystem auf. Meine Tage beginnen ausnahmslos alle mit zehn Punkten. Wenn ich eine der zugewiesenen Aufgaben nicht erledige, verliere ich einen Punkt.

Wenn ich sie zwar durchführe, aber nicht gut genug, verliere ich einen halben Punkt. Wenn die Dinge erledigt werden, aber das erwartete Resultat ausbleibt, verliere ich einen Viertelpunkt.

Wenn ich morgens seine Brote schmiere und er sie am Tisch sitzend isst, behalte ich meine zehn Punkte. Wenn ich nicht genug Zeit habe, ihm sein Frühstück zu machen, wenn wir überstürzt aufbrechen müssen und ich seine Kekse auf dem Küchentisch vergesse, beginne ich meinen Tag mit neun Punkten.

Wenn ich tags zuvor vergessen habe, Brot zu kaufen, und nur noch Schokoladenkekse da sind, bei deren Anblick jeder Ernährungsberater nach Luft schnappen würde, verliere ich einen halben Punkt.

Wenn ich Brote geschmiert habe, er aber an dem betreffenden Morgen schlechte Laune hat oder keinen Hunger und wir uns dann beide auf den Weg zur Krippe machen, er mit einem Schmollmund und ich mit den Broten in der Hand, kostet mich das einen Viertelpunkt.

Ich versuche nicht, das, was ich tue, zu verstehen. Ich will einfach nur eine gute Note. Ein Fünf-Sterne-

Vater sein. Überschwängliche Bewertungen ernten: »Wunderbar! Der beste Vater von Paris!« »Selten trifft man auf einen Vater, der seinem Sohn eine perfekte Erziehung angedeihen lässt. Doch genau das gelingt Antoine!« »Alles ist phantastisch, vom Aufwachen bis zum Schlafengehen mit dem Umweg über das üppig schäumende Bad. Die Betreuung ist wunderbar organisiert, mit gerade der nötigen Prise Kreativität.«

Pünktlich in der Krippe ankommen: Ich behalte alle Punkte. Zu spät kommen: Ich verliere einen Punkt. Im letzten Moment ankommen, Melvil auf den Schultern, damit es schneller geht: einen halben Punkt Abzug. Zu spät kommen, weil er gebummelt hat: einen Viertelpunkt Abzug.
Diese erste Note gibt den Ton für meinen Tag vor. Von diesem Augenblick an weiß ich, ob ich Punkte aufholen muss, ob ich mir Augenblicke der Schwäche erlauben oder ob ich mir nichts durchgehen lassen darf. Ich sitze in der ersten Reihe, wenn ich meine Hausaufgaben perfekt erledigt habe; ich verstecke mich ganz hinten in der Klasse, wenn ich lieber Unfug machen möchte.

Dieses Benotungssystem wende ich auf alles an, was wir machen. Beim Baden geht es darum, ob wir es pünktlich tun, ob er sich selbständig wäscht, wie viel Wasser am Ende noch in der Wanne ist und wie viel auf meinem Hemd. Das Abendessen, gegessen oder nicht, wenig oder viel, mit oder ohne Gemüse usw. Auf alles, und noch mehr.

Manchmal verhandle ich auch mit der übergeordneten Stelle. Ich sammle Punkte, die ich so sorgsam aufbewahre wie die ersten Münzen Taschengeld. Wenn wir sonntags ins Schwimmbad gegangen sind, wenn er seinen Mantel allein angezogen, wenn er ein schönes Bild gemalt, wenn er ein neues Wort gelernt hat, wenn ich ihn dazu gebracht habe, alles zu üben, was die Betreuerin uns aufgegeben hat – dann gewähre ich mir einen Extrapunkt.

Einen zusätzlichen Punkt für Zeiten, in denen ich keine mehr habe. Einen Jeton, den ich eines Tages in die Maschine einwerfen kann, wenn ich alles verloren habe.

Antoine in seinem Musterhaus gehorcht dem Mustervater aus den Büchern über Kindererziehung. Doch manchmal kassiert er eine Bewertung, die völlig willkürlich ist, und das ist am schwersten wegzustecken.

Die Beurteilung bezieht sich auf die Art seines Handelns, das Engagement und die Haltung. Wie bei Schulzeugnissen. Sie bewertet die Ethik, die Absichten.

War ich im Park Melvil gegenüber großzügig genug? Habe ich mich gelangweilt, als ich ihn auf der Schaukel angeschubst habe? Habe ich die Geschichte mit genug Begeisterung vorgelesen oder sie schnell heruntergehaspelt, um danach in Ruhe ein Glas Wein trinken zu können?

Die Benotung findet abends statt, wenn ich allein bin und das Gewicht meiner Verantwortung mich aufs Sofa drückt. Ich möchte mich in Ruhe lassen, mich leben lassen.

Stattdessen rechne ich ab und höre zu.

Ich nehme es hin, dass ich nur ein Vater mit fünf von zehn Punkten bin. Ich höre mir an, dass ich mehr arbeiten muss. Ich nehme mir fest vor, mir noch mehr Mühe zu geben.

Doch wenn die Beurteilung aus den tiefsten Tiefen kommt, wenn es heißt: »Antoine tut nicht genug, er muss sich am Riemen reißen.« – »Antoine beschäftigt sich anscheinend mit allem Möglichen, nur nicht mit dem, was in der Klasse durchgenommen wird.« – »Antoine hat Potenzial, aber er tut nichts, um es zu nutzen.« – »Antoine sieht viel lieber durchs Fenster zu, wie es draußen regnet, als sich auf den Mathematikunterricht zu konzentrieren.« – »Durch seinen Dilettantismus stört Antoine die gesunde Entwicklung seines Sohnes« – dann richtet sich eine Schreckensgestalt vor mir auf und lässt mich in ihrem Schatten untergehen.

Sie ist jener Fremde, der mich auf der Straße ausschimpft, weil ich noch zu jung zum Rauchen bin; die Lehrerin, die mir sagt, ich würde mir alles verderben; meine Großmutter, die mich ertappt, als ich Geld aus ihrem Portemonnaie stehle; der Freund, der mich fragt, warum ich ihn verraten habe; die Frau, die mich fragt, warum ich nicht lieben kann.

Sie ist alle Scham und alle Ängste. Wenn das Leben einen auf sich selbst zurückwirft. Wenn man den Blick nicht mehr abwenden kann. Wenn sich im Spiegel nichts mehr spiegelt.

Melvil und ich gehen am Wochenende vormittags immer in den Park. Uns gegenüber sitzt jedes Mal diese Dame. Sie ist über vierzig und hat ein flächiges Gesicht mit kleinen schwarzen runden Augen. Dank der Sommersprossen, die sich über ihre Nase bis unter die Augen ziehen und dort so etwas wie Milchstraßen bilden, hat sich in ihrem Gesicht etwas Kindliches erhalten, das sich in den langen dunklen Lockenkaskaden fortsetzt.

Ihre Haut ist blass, und sie ist ausgesprochen elegant. Sie trägt Hosen, im Allgemeinen dunkle, dazu weiße Blusen, die manchmal blau gestreift sind, und

Pumps, deren Lack sie mit einem Papiertaschentuch säubert, wenn sie sich hinsetzt.

Sie verbringt einen Großteil des Vormittags auf der Bank auf der anderen Seite des Spielplatzes. Andächtig liest sie ihre Zeitschrift von der ersten bis zur letzten Seite. Sie hat kein Kind, weder auf der Rutsche noch auf der Seilbrücke, noch an der Kletterwand.

Ich habe schon mehrere Leben für sie erfunden, ehe ich mir eines davon für sie ausgesucht habe. Ich stelle mir vor, sie ist Anwältin oder Radiologin oder übt einen anderen freien Beruf aus. Sie kommt jeden Tag in den Park, um als Zuschauerin das zu erleben, was die Kindheit so schön macht: das Spiel, Traumländer, die sich auf wenigen Quadratmetern zusammenballen, nicht enden wollendes Toben und heiße Tränen, die die Eltern auffangen wie ein magisches Elixier.

Und dann, in dem Moment, als sich an meinem Horizont Kartoffelbrei mit Würstchen (noch zuzubereiten), die Waschmaschine (noch in Gang zu setzen) und das Malbuch (noch zu beschaffen) abzeichnen, geht sie davon, in dem befriedigenden Gefühl, auch andere Aus- und Anblicke genießen zu können.

An manchen Abenden wäre ich gern genauso gestorben wie sie. Verschwinden. Alles hinwerfen. Ihn der Fürsorge des Lebens anvertrauen und uns der Führung guter und fähiger Eltern überlassen.

Mehrmals habe ich ein Schreiben an meine Schwester vorbereitet. Wenn mir etwas zustößt, sorge du für ihn, als wäre er dein eigener Sohn, als hätte ich nie existiert.

Ich habe es nicht abgeschickt. Ich brauchte es nicht. Denn es kam jene Woche, in der ich Angst hatte, *er* würde sterben.

Als ich ihn am Montag von der Krippe abhole, sagt man mir, es gehe ihm nicht gut. Er sei den ganzen Tag in seiner Ecke geblieben, anscheinend brauche er Ruhe.

Ich habe viel zu tun, und am nächsten Morgen beim Aufstehen beschließe ich, dass seine Temperatur nicht zu hoch ist und ich ihn bei den Kindergärtnerinnen abliefern kann. Abends wird mir die Diagnose noch einmal mitgeteilt, diesmal nachdrücklicher. In den Stimmen liegt ein aufkeimender Vorwurf: »Melvil geht es wirklich nicht gut.«

Als hätte ich nicht hören wollen, war ich erst am Donnerstag bereit, ihn zu Hause zu behalten. Drei Tage, an denen ich so tat, als wäre alles gut.

Ich wartete so lange, bis ich keine Wahl mehr

hatte und die Damen in der Krippe mir einen Befehl gaben.

Gehorchen, immer gehorchen.

»Melvil muss zu Hause bleiben und sich ausruhen. Und Sie müssen mit ihm zum Arzt.«

Ich schlucke und folge dem Befehl. Ich ziehe den Buggy verkehrt herum hinter mir her. Er sitzt zurückgelehnt darin und schweigt.

Ich fühle mich schuldig. Ich habe mich auf diese Frauen verlassen statt auf mich selbst, und jetzt ist mein Sohn krank.

Als wir nach Hause kommen, kann ich die Symptome nicht länger übersehen. Er bringt keinen Bissen herunter. Er bricht in Weinen aus, als ich ihn ins Bett zu bringen versuche. Er sitzt schmollend auf dem Sofa, als ich ihn zum Spielen animieren will. Er lässt mich für mein unverantwortliches Verhalten, als das ich es nun erkenne, büßen.

Der Arzt braucht keine Minute für die naheliegende Diagnose: Bronchiolitis, Otitis und durchbrechende Zähnchen. An den Tagen darauf steigt sein Fieber weiter.

Ein Kleinkind mit hohem Fieber ist ein Körper, der sich mit seiner animalischen Natur verbindet. Ein Wesen, das gegen sich selbst kämpft.

Es ist ein innerer Kampf, etwas, das ihn übersteigt, über ihn hinausreicht; Melvil ist eigentlich nicht mehr da.

Am Samstag ist er am Ende seiner Kräfte. Der Tag teilt sich in halbe Stunden auf. Die erste ist fürs Weinen da. Nichts findet Gnade vor seinen Augen. Er will weder trinken noch essen, noch spielen.

Er mag keine Musik mehr, auch keine Geschichten, er will auch nicht mehr spazieren gehen. Die zweite halbe Stunde ist zum Schlafen da. Er fällt um vor Müdigkeit, doch sein inneres Sieden lässt ihm nur diese wenigen Minuten Erholung.

Er hat zwei Nächte nicht geschlafen. Wir haben zwei Nächte nicht geschlafen. Ich nehme ihn schließlich abends mit in mein Bett und versuche, mich seinem Rhythmus anzupassen. Wir machen kurze Nickerchen, und in der übrigen Zeit weinen wir.

Ich schlafe für einen Moment ein. Dann für länger. Mehrere Stunden später schrecke ich hoch. Ich habe einen Schlag gehört. Öffne endlich die Augen. Er ist nicht mehr im Bett. Ein Schrei, einer dieser Schreie, die sich wie ein Dolch in den Magen bohren.

Eine Sekunde lang löst die eindringende Klinge ein angenehmes Gefühl aus, dem ich mich hingebe, das kalte Metall im brennend heißen Fleisch, das durchstoßende Unbekannte, das Unendliche, das durch mich hindurchgeht.

In der Sekunde darauf wird mir plötzlich bewusst, dass der Tod kommt.

Es ist jetzt. Er ist aus dem Bett gefallen. Ich werde sterben. Ich springe aus dem Bett. Reiße ihn in meine Arme. Küsse ihn. Drücke ihn an mich. Ziehe ihn aus, um nachzusehen, ob alles noch in Ordnung ist.

Ich bewege eins nach dem anderen alle seine Gelenke, um sicher zu sein, dass er sich nichts gebrochen hat. Ich horche ihn ab, knete ihn, achte auf seine Reaktionen, lauere auf seinen Schmerz und folge dessen Spuren.

Ich baue eine Kissenwand auf, die ihn schützen soll. Er drängt sich an mich. Sein Gesicht ist klatschnass. Vom Fieber und von den Tränen. In seinem Alter weint er noch aus dem Kopf heraus, sein Gesicht verkrampft sich, wird rot und explodiert in einem schrillen Ton, dessen Resonanzraum die Nase ist. Später wird er aus dem Bauch heraus weinen. In Zeiten echten Kummers, den man teilen und lindern kann.

Ich sehe zu, wie er langsam einschläft.

Beim Aufwachen am nächsten Morgen sind wir beide gleichermaßen erstaunt darüber, so lange geschlafen zu haben. Als hätte sich das Fieber von seinem Sturz gestern nicht erholt.

Er steht auf, drückt aber die ganze Zeit den Arm an den Körper. Ich sage mir, dass er ihm vielleicht nur ein bisschen weh tut. Ich versuche, ihn dazu zu bringen, den Arm zu bewegen. Er schimpft mit mir. Jetzt gerate ich in Panik und bringe ihn sofort in die Notaufnahme.

Der Arzt hat diese spezielle kumpelhafte Art alter Freunde, die man selbst vergessen hat, die einen aber wiedererkennen. »Was ist passiert?«, fragt er. Diese Frage überrascht mich. Ich war nicht darauf gefasst und weiß nicht, was ich antworten soll. Ich müsste ihm sagen: Ich bin ein schlechter Vater, ich habe nicht verhindert, dass mein Sohn aus dem Bett gefallen ist. Unmöglich, das zu gestehen, also lüge ich. Ich behaupte, wir hätten gespielt und er sei dabei hingefallen.

Er verordnet eine Röntgenaufnahme, und eine Krankenschwester bringt uns zum Röntgenraum. Sie trägt eine rechteckige Brille, ihr Lächeln ist offen und ohne Zurückhaltung. Sie fragt ihn, wie er sich denn weh getan habe. Wieder fängt er an zu schimpfen.

Im Röntgenraum, der wie die Kontrollzentrale eines Kernkraftwerks aus der Zeit der Sowjetunion aussieht, sagt sie ihm, er solle sich schön gerade halten. Ich ertappe mich dabei, dass ich es ebenfalls tue, konzentriert, völlig reglos und schweigend. Wir sind zwei Verbrecher, die fotografiert werden.

Ich bekenne mich schuldig. Schuldig, etwas nicht oder schlecht zu tun. Ich bin ein Vater auf Bewährung. Dazu verurteilt, zu sein, was ich nicht bin. Am liebsten würde ich fliehen, damit uns niemand erwischt, damit man uns unser Leben einfach so leben lässt. Als zwei, die der Banalität entflohen sind.

Aber man hat uns erwischt, man hat uns fotografiert, registriert und klassifiziert, und dann wurden wir von unserer Aufseherin entlassen.

Nach einigen Minuten kommt der Arzt mit der Röntgenaufnahme in der Hand herein und verkündet mir: »Er hat sich ein bisschen an der Schulter weh getan, aber es ist nichts gebrochen.«

Ich glaube, so erleichtert war ich noch nie. Ich schaue durch Melvils Körper auf dem Schwarzweißbild hindurch, drehe mich zu ihm um und sage zu ihm das, was Hélène einige Jahre zuvor zu mir gesagt hat: »Selbst als Skelett bist du sehr schön.«

Wir verlassen das Krankenhaus und treten in das Getöse von Bussen und Autos. Das weiße Licht dieses beginnenden Aprils fällt schräg und lang auf den Bürgersteig, und wir bemühen uns, es nicht zu stören, während wir so dahingehen.

Das Wetter ist schön. Wir beschließen, uns ein Schokoladenéclair zu kaufen und spazieren zu gehen. Er nimmt meine Hand.

Die Waffen niederlegen. Ein Leben akzeptieren, das man sich nicht ausgesucht hat. Seine Niederlage anerkennen, um sein Heil nicht in der Flucht suchen zu müssen. Die Schuhe ausziehen und mit den Füßen streicheln. Ungehemmt lachen. Das kleine Tierchen windet sich unter dem Kitzeln.

Es lieben, wenn seine Stimme vor Aufregung hell wird. Den Rhythmus seines Aufstoßens auswendig kennen. Kind sein. Nicht sagen können, wer man war. Nicht wissen, wer man ist. Verstehen, dass das unwichtig ist. Ihn auf den Rücken küssen. Seinen Geruch einatmen. Seine Haut fressen. Vater sein.

4   Dezember 2017

Ich habe entschieden, dass es jetzt an der Zeit ist. Am heutigen Samstagmittag mache ich ihm Ravioli mit Sauce Bolognese und lege ihm Gabel und Löffel neben den Teller. Ich sage nichts, als könnte ich den Moment durch Worte nur gefährden.

Zunächst macht er sich ans Werk. Er isst drei Bissen, während ich ihm gegenübersitze. Doch mit einem Mal hört er auf und zeigt mit dem Finger auf mich, um mir klarzumachen, dass ich an der Reihe bin, dass ich ihn jetzt füttern soll.

»Das mache ich ab jetzt nicht mehr«, sage ich. Und da er nicht reagiert, drohe ich: »Wenn du nicht allein isst, musst du ohne Mittagessen deinen Mittagsschlaf machen.« Die Sorte Drohung, die Eltern nie wahrmachen.

Melvil greift zum Löffel und fixiert mich dabei mit einem entschlossenen Bick. Ohne mich auch nur eine Sekunde aus den Augen zu lassen, taucht er den Löffel in den Teller und belädt ihn mit einem Raviolo samt der dazugehörigen tropfenden roten Sauce. Dann lässt er ihn, einen Ausdruck der Genugtuung auf dem Gesicht, auf das Wohnzimmerparkett fallen. Das nachfolgende Geräusch ist das einer Niederlage auf ganzer Linie.

Mir bleibt der Atem weg. Ich sehe ihn verblüfft an.

Vor einer Bestrafung halte ich immer einen Moment inne. Einen Moment, in dem ich einschätze, was eine angemessene Antwort wäre. Es dauert eine Sekunde, nie länger.

Er hat mich angesehen, als er es tat – das beweist den Vorsatz. Die Zeit, die die Nudel vom Teller bis aufs Parkett gebraucht hat, zeugt von der dahintersteckenden Planung. Und dieser zufriedene Gesichtsausdruck ist ein erschwerender Umstand.

Ich werde ihn zur Strafe sehr nachdrücklich zur Ordnung rufen. Ich werde laut. Ich sage ihm, ich würde meine Drohung in die Tat umsetzen, wenn er es wieder täte. Ich erinnere ihn daran, dass er mich kenne und dass ich es ernst meine.

Er tut es noch einmal.

Jetzt brauche ich weit weniger als eine Sekunde. Ich knalle seinen vollen Teller auf den Tisch. Und garniere bei dieser Gelegenheit die Zimmerdecke mit einem nach Blut und kaltem Zorn aussehenden roten Fleck. Ich schnappe ihn mir und bringe ihn ins Bett.

Als ich die Tür hinter mir schließe, außer mir vor Zorn, zittere ich immer noch. Er hat sich nicht getraut, auch nur ein einziges Wort zu sagen. Jetzt bin ich allein im Wohnzimmer und muss zu meiner Strafe stehen.

Von Panik ergriffen, schicke ich allem, was ich an Müttern und künftigen Müttern kenne, Textnachrichten und erzähle, was ich angerichtet habe.

Endlich meldet sich meine Schwester. Ich schildere ihr die Fakten und verzerre die Realität hinreichend, um die Strafe angemessen erscheinen zu lassen. Sie bestätigt mir, ich hätte es richtig gemacht, obgleich sie selbst so etwas nie gewagt hätte.

Melvil hat für uns beide gebüßt. Ich versuche mich zu beruhigen, indem ich mit schnellen Schritten in der ganzen Wohnung hin und her gehe. Nach einer Stunde halte ich es nicht mehr aus, ich öffne die Tür zu seinem Zimmer. Mein Sohn schläft tief und fest.

Ich beuge mich über sein Bett, nehme ihm das bespritzte Lätzchen ab und küsse ihn mit der Zärtlichkeit und der Leidenschaft der endlich Wiedervereinten.

Als er aufwacht, hat sich das Unwetter noch nicht ganz verzogen. Wir beide spielen den ganzen Nachmittag. Aber ich bin ihm gegenüber nicht ganz ich selbst, ich verhalte mich ungeschickt, schuldbewusst, ein wenig tollpatschig.

Als seine Babysitterin kommt, ist es schon dunkel. Ich umarme ihn, als wollte ich zu einer langen Reise aufbrechen. Und dann gehe ich, mit schwerem Gepäck und dem Vorsatz, als ganzer Mensch zurückzukehren.

Ich habe alles getan, damit sie nicht wissen, dass ich da bin. Jedes Mal, wenn mir eine Einladung der Truppe übermittelt wurde, antwortete ich »Später« und dachte »Nie«.

Ich musste erst eine faule Ausrede dafür finden, die Einladung anzunehmen. Also schrieb ich. Das Schreiben liefert mir einen ganzen Haufen fauler Ausreden für einen Haufen Sachen, die ich mache.

Ich verfasste den Anfang eines Textes, wie ich es schon seit bald zwanzig Jahren Dutzende Male getan habe. Einen Anfang, der nie ein Ende haben sollte, einen Großbuchstaben ohne Punkt, ein Werk, das ohnehin bald zerstört sein würde.

Es war die Geschichte eines Mannes, der sein Leben in einem Buch beschrieben hatte. Zwei Erzählungen waren ineinander verschachtelt: die über das Schreiben des Buchs und die, diesmal wahre, über die Ereignisse, von denen er erzählte.

Als der Text erschien, wurde dem Autor eine Geldsumme für die Dramatisierungsrechte zu diesem Buch angeboten. Das war die dritte hineingewobene Erzählung, die einzige wirklich wichtige; die Wahrheit kommt immer erst am Schluss heraus. Vielleicht lag es auch daran, an der Angst, die Wahrheit zu entdecken, dass ich keinen einzigen der vorherigen Texte zu Ende gebracht hatte.

Meine Figur nahm das Angebot an. Er stellte sich keine Fragen, er ließ die Dinge geschehen. Er hatte gesehen, wie auf der Bühne sein Leben gespielt wurde, schöner, als es gewesen war, auch größer, tatsächlich riesengroß. Er hatte gesehen, wie die Wörter seine Wahrheit verzerrten. Er hatte den Schauspieler diese Wörter mit einer Stimme sagen hören, die nicht seine eigene war. Er hatte die Zuschauer zum Schauspiel seines Lebens kommen sehen. Er sah sich zum Lebensmittelhändler werden, der als Verwalter seines kleinen Ladens voller Gefühle und Anekdoten auf jedes Ereignis seines Lebens einen Preis klebte.

Am Ende der Vorstellung spürte er, wie sich etwas Saures in seiner Speiseröhre sammelte. Etwas nicht zu Kontrollierendes. Dennoch nickte er, als man ihn fragte, ob es ihm gefallen habe.

Ich stellte mir vor, dass dieser Mann nur ja gesagt hatte, um sich aus einer solchen Situation zu befreien. Dieser Mann sagt ja, weil er sonst nichts dazu sagen will.

Aber dieses Etwas in ihm wurde immer größer. Und schließlich fasste er einen Zorn gegenüber demjenigen, der ihn spielte, demjenigen, der ihm, so dachte er, sein Leben gestohlen hatte.

Und da endete mein Anfang. Ich hatte noch ein paar Stichwörter für das Weitere notiert: Er folgte ihm nach einer Vorstellung und machte das schließlich jeden Tag, weil er völlig besessen war von diesem Schauspieler, von dem er sein Eigentum zurückfordern wollte.

Die Nächte vergingen, und der Zorn wuchs. Bis er eines Tages, eine Weile später, durch die Presse erfuhr, dass dieser Mann sich auf eine neue Rolle vorbereitete: die des Roberto Zucco in einer Neuinszenierung des gleichnamigen Stücks von Koltès. Ein neues Leben, das er stehlen, eine weitere Haut, in die er schlüpfen würde.

Meine Figur empfand das als Affront. Der Mann, der ihm alles gestohlen hatte, war im Begriff, ihm alles zurückzugeben, aber gebraucht; eine bereits erzählte Geschichte, ein Leben aus zweiter Hand.

Am Ende der letzten Vorstellung des Stücks beschloss meine Figur, den Schauspieler zu ermorden.

Er wollte, dass sie beide gleichzeitig auf der Bühne starben.

Im Epilog würde er wie in einer sehr düsteren Kurzgeschichte in seiner Zelle einen Bericht über diese Ereignisse verfassen, und das Buch würde unweigerlich ein Erfolg.

Ja, natürlich, es gab Ähnlichkeiten. Dennoch spürte ich keinerlei Parallelen zwischen dieser Geschichte und meiner eigenen. Ich war von dieser meinen Händen und meinem Kopf entsprungenen Fiktion völlig geblendet.

Ich dachte, sie gehöre mir nicht, so unfähig war ich zu erkennen, dass die Nähe dieser beiden Figuren – Schauspieler und Schriftsteller – ihren austauschbaren Charakter zum Ausdruck brachte.

Ich sah nicht, dass sie einen einzigen Menschen bildeten, und zwar verdoppelt, damit mir keine Chance bei diesem Kampf gegen mich selbst blieb. Dabei war ich doch ebenso sehr das Werkzeug der beiden wie ihr Opfer. Und meine Fiktion war ihr Handlungsraum.

Ich musste also ebenso unschuldig wie unwissend bleiben. Ich war Antoine, ein Schriftsteller auf der Suche nach Material, aus dem er eine Erzählung mit einem Mindestmaß an Authentizität machen konnte.

Und deshalb, um mir vorstellen zu können, was meine Figur hätte fühlen können, musste ich also in die Theateraufführung gehen.

Ich stelle mir vor, professionell zu bleiben: Ich trage die Maske des Autors, der zu dem Thema recherchiert, das ihn inspiriert hat. Nicht des wirklichen Autors, sondern des Autors von *Meinen Hass bekommt ihr nicht*, des Textes, der für die Bühne adaptiert wurde.

Ich steige in die Metro und fahre zum Théâtre du Rond-Point. Dem Theater, wo sich meine Niederlage abspielt. Mein Leben.

Ich bleibe, neben die Tür gelehnt, stehen. Nach zwei Stationen bemerke ich diese junge Frau, die sich hinter ihrem schwarzen Haar versteckt und auf einem Gangplatz in einem Bereich für vier sitzt.

Der Waggon ist nur halb voll, und doch hat sie sich für genau diesen Platz entschieden.

Ich weiß nicht, welcher längst vergessene animalische Instinkt es uns ermöglicht zu spüren, wenn jemand unsere Anwesenheit registriert, ohne es sich anmerken zu lassen. Es ist wie eine unsichtbare Chemie, die einen mit ihm verbindet.

Genauso wenig weiß ich, welche Verrücktheit uns manchmal das Gefühl vermittelt, wir würden heimlich von Fremden beobachtet, die uns nicht einmal bemerkt haben.

Diese Frau macht keine Bewegung. Ihr Körper verrät nichts über ihre Absichten; er ist fest an seinem Platz, nur ein blaues Licht tanzt über ihr Gesicht und lässt sie abwesend wirken.

Sie lässt ihren Finger über ihr Smartphone gleiten, und die Schatten auf ihrem Gesicht verändern sich.

Ich beuge mich leicht vor, um zu sehen, was auf ihrem Display sie derart fesselt, dass sie nicht mehr da zu sein scheint.

Sie lässt Fotos über das Display laufen. Gesichter, die alle das gleiche aufgesetzte Lächeln zeigen, einen Schmollmund oder geheuchelte Überraschung.

Einen Moment lang bewundere ich die Ausdauer dieser Protokollanten unseres Jahrhunderts, die jeden Augenblick ihres Lebens so minutiös festhalten wie ein Gerichtsschreiber einen Prozessverlauf. Dann wird das Defilee langsamer, wie ein Glücksrad, das zwischen Geldsegen und Bankrott zögert.

Ein Bild bleibt stehen – ein Foto von mir. In Wirklichkeit habe ich keine Ahnung. Vielleicht ist es meine Panik, meine schreckliche Angst, die mich auf dieses Display projiziert.

Mein Körper presst sich erstarrt gegen die Waggontür. Ist völlig reglos. Ich warte darauf, dass der Zug in der Station hält. Die junge Frau geht an mir vorbei, ohne den Kopf zu wenden, sie steuert auf die verglasten Türen zu, die sich bald unter lautem Getöse öffnen werden.

In der Erzählung *Der Fahrgast* von Kafka – einer der wenigen zu seinen Lebzeiten veröffentlichten Texte – stellt sich das junge Mädchen, das ihn aus seinem Moment der Angst rettet, neben ihn.

Weil sie sich neben ihn stellt und er sie betrachtet und, bis hin zu den Einzelheiten ihres Ohrs, beschreibt, kann er sein Fremdheitsgefühl überwinden.

Sie steigt aus, und meine eigene Fremdheit hat mich wieder im Griff. Der Warnton der sich öffnenden Türen und dann diese seelenlose Stimme, »Champs-Élysées-Clemenceau«, und das pneumatische Schnaufen des verschlissenen Öffnungsmechanismus.

Ich folge ihr mit dem Blick, ich kann nicht unterscheiden, was wahr ist und was nicht. Plötzlich überkommen mich Zweifel. Hat sie mich in ihrem Smartphone gesucht? Habe ich das geträumt? Existiert diese junge Frau wirklich?

Ich versuche mich zu erinnern, aber ich kann nicht sagen, wie sie gekleidet war, ob sie groß oder klein, schmal oder rundlich war. Meine Fremdheit schlägt mir ins Gesicht.

Ohne sich umzudrehen, geht sie auf die Treppe am Ende des Bahnsteigs zu. Die Angst, verrückt zu werden. Die Türen schlagen vor dem roten Gesicht eines dicken Mannes zu. Er leert, so schnell er kann, eine Dose Bier. Eine dieser großen Dosen, die zum Betrinken da sind.

In einer Plastiktüte, die knapp über dem Boden baumelt, hat er noch zwei weitere Dosen. Wenn er nach Hause kommt, kann er eine davon öffnen und sich sagen, sie sei die erste.

Der Reflex eines Alkoholikers. Was man unbeobachtet trinkt, gilt nicht als getrunken.

Ist das alles wirklich real? Habe ich diesen Augenblick erlebt? Bin ich nicht gerade dabei, eine Umgebung, Personen und eine Handlung ganz und gar zu erfinden?

Ich erinnere mich, dass der Zug langsam fuhr, dass er noch langsamer wurde.

Station Franklin D. Roosevelt. Ich drehe mich zur Tür, der Mann schwankt nach vorn. Er wirkt wie ein Seemann nach langer Fahrt.

Ich sehe ihn an, ohne ihn zu sehen. Er starrt mich an wie eben die junge Frau, wie all die anderen Fahrgäste im Zug, wie die Menschen, die mich auf dem Bahnsteig erwarten.

Plötzlich wallt das Schwindelgefühl hoch. Alle erinnern mich, jeder auf seine Weise, aber alle mit ein und derselben Stimme, dass ich gelogen und verraten habe.

Ich kann so tun, als wäre diese Figur eines Tages in ein Buch eingeschlossen worden, das sie nicht mehr verlassen würde. Aber sie ist da, hier im Waggon, vor aller Augen.

Und alle haben sie erkannt. Auch ich habe sie erkannt: diesen Vater aus Wörtern und Papier, der eingeschlossen ist in die 40000 Zeichen, die ihn charakterisieren.

Solange sich der Blick des anderen nicht auf mich richtet, gehöre ich ganz mir selbst, bin ich aus Fleisch und Blut und undurchsichtig. Doch wenn man mich ins Auge fasst, dann sieht man ihn.

Ich bin wie ein gläsernes Gefängnis. Und mein Gefangener schließt mich ein, in eine Schamlosigkeit, die ich verachte. Meine Wunde, unsere Wunde, allen dargeboten.

Und dieser Vater, den ich geschaffen habe und der über uns urteilt. Der ideale Vater, der andere Antoine. Ich möchte mit ihm verschmelzen. Mich ständig auf das beziehen, was er tun würde. Was er schreiben würde. Welche Art Vater er wäre.

Er ist der Mutige und Selbstlose, der Intelligente

und Ausgeglichene, er ist der, der durchhält, ich hingegen bin der, der zusammenbricht, der voller Panik und Angst ist, mir steht der Schatten zu, ihm das Licht.

Endlich öffnen sich die Türen. Ich bekomme kaum Luft, doch ich gehe nicht sofort hinaus. Ich zögere eine Sekunde. Warum nicht einfach weiterfahren? Warum hier aussteigen? Warum mich diesem Augenblick stellen? Warum nicht noch einmal ausweichen?

Ich wollte nicht hin. Ich war nicht erreichbar, wich aus, ich sagte Vielleicht und Eines Tages, doch ohne dass ich etwas dagegen tun konnte, hat er Ja gesagt.

Also steige ich aus, weil es sein muss. Ich brauche Luft. Und solange es mir gelingt, von diesen Leinen wegzukommen, die mich fesseln, von diesen Blicken, die auf mir lasten, und von diesen Figuren, die mich bedrücken, bin ich noch ein wenig lebendig. Real. Greifbar.

Eine Frau auf dem Bahnsteig wartet darauf, dass ich mich endlich entscheide. Ich steige aus. Als ich an ihr vorbeigehe, glaube ich sie flüstern zu hören: »Beeilen Sie sich. Sie warten auf Sie!«

Ich drehe mich zu den Türen um, die sich gerade schließen. Sie schenkt mir ein diskretes Lächeln, und dann wird die Metro von dem Tunnel am Ende des Bahnsteigs verschluckt.

Die diskreten Lächeln sind die kostbarsten, sie sind wie ein leichter Kuss, eine Hand auf der Schulter, ein leises Wort, sie werden gegeben, und niemand erwartet eine Gegengabe. Eine Sekunde lang hat sie mich an die Sinnlichkeit erinnert, die Wörter nie haben werden. Diese Vormacht, die die Realität gegenüber der Literatur behält. An das Flüchtige.

Das Schöne an einem diskreten Lächeln ist, dass es sofort nach seinem Aufscheinen verschwindet und einem keine Wörter lässt, es zu beschreiben.

»Sie warten auf Sie«, hat sie gesagt. Sie hat nicht von ihm gesprochen, sie hat nicht gesagt: »Sie warten auf ihn.« Sie hat es mit Mitgefühl gesagt, als könnte sie meinen Schmerz verstehen, als wollte sie ihn lindern, wie mit einem Balsam.

Sie hat es in dem Tonfall der Frauen gesagt, die ich in meinem Leben geliebt habe, der Frauen, denen ich alle meine Niederlagen schenke und die mir vergeben, was ich bin.

Sehr schnell holt mich die Fiktion wieder ein. Ihre Worte zerstreuen sich, während meine Füße sich auflösen. Ich sinke in den Asphalt des Bahnsteigs.

Jeder Schritt ist ein Kampf. Nichts hält mich mehr aufrecht außer meinem Willen davonzukommen.

Endlich draußen, atme ich so viel Luft ein, wie ich kann. Es riecht nach Paris im Winter, feucht, grau und leicht eisig.

Die Avenue Montaigne breitet sich in ihrer prachtvollen Tristesse vor mir aus. Das Théâtre du Rond-Point ist wie eine Zuflucht für jene, die sich auf ihr verirrt haben könnten.

Alles hier wirkt künstlich, einschließlich des großen, zum Ruhme unserer Armee errichteten Empire-Gebäudes, das von einer Truppe unter der Leitung von Jean-Louis Barrault in ein Avantgarde-Theater verwandelt wurde.

Bei seiner Eröffnung im März 1981 gaben sie *L'Amour de l'amour* nach Texten von Apuleius, La Fontaine und Molière. Und heute wird im kleinen Saal *Meinen Hass bekommt ihr nicht* gespielt, nach dem Text von Antoine Leiris und mit Raphaël Personnaz.

Ich finde eine Stelle, wo ich vor Blicken geschützt bin. Vor dem Theater stehen zwei Bäume und ein Gebüsch, dahinter verstecke ich mich wie ein Kind, das einer Bestrafung entgehen will.

Als kleiner Junge habe ich mich oft versteckt, hinter Bäumen und Büschen oder unter dem Bett. Es war eigentlich kein Spiel, ich mochte einfach dieses Gefühl, nur mir allein zu gehören, das Gefühl, dass nichts und niemand über mich bestimmen konnte. Es machte mir Spaß, nicht zu antworten, wenn meine Eltern nach mir riefen.

Danach musste ich mein Versteck verlassen, Sohn sein, Schüler und Bruder, später Angestellter, Ehemann und Vater. Am Ende wird man mich wieder in einer großen Kiste verstecken, und niemand wird nach mir rufen, damit ich herauskomme.

Ich habe mein ganzes Leben weitergemacht mit dem Verstecken. Und wenn ich zurückkam, tat ich jedes Mal so, als wäre ich nie fort gewesen. Niemand fällt darauf herein, doch diese Komödie, dieses ständige Hin und Her, hat sich etabliert mit dem stillschweigenden Einverständnis der Menschen, die mir nahestehen, die anderen sind gegangen.

Ich bin der abwesende Freund, Bruder und Sohn. Der, auf den man sich eigentlich nicht verlassen kann. Der, den man auf Distanz hält, weil man Angst hat, sich an ihn zu binden.

Ich stehe also immer noch da herum, versteckt hinter zwei Baumstämmen, einem Gebüsch und einer E-Zigarette, dabei fängt das Stück in zwei Minuten an.

Ich atme so viel Rauch ein wie irgend möglich,

dann gebe ich mir endlich einen Ruck. Ich dringe in das Theater ein wie eine Dampflokomotive in einen Tunnel, aus dem nur noch ein paar weiße Wölkchen kommen. Meine duften nach Äpfeln und Kirschen.

Am anderen Ende des großen Foyers sehe ich die letzten Zuschauer in den Saal gehen. Ein junger Mann ist vor der Tür postiert und erwartet jene, die gerade noch rechtzeitig kommen. Er trägt eine Art braune Schürze und ein himmelblaues T-Shirt, die Uniform der Platzanweiserinnen und Platzanweiser im Théâtre du Rond-Point. Sie alle sind Schauspielschüler.

Ich fixiere ihn und gehe, ohne ihn aus den Augen zu lassen, direkt auf ihn zu, mit dem Gang eines Mannequins auf dem Laufsteg, mit erhobenem Kinn, abwesender Miene und der Hoffnung, dass kein Absatz abbricht, bevor man die Strecke hinter sich hat.

Mein Körper verkrampft sich. Nicht völlig und nicht mit einem Mal, sondern ganz langsam, Stück für Stück. Erst sind es meine Schultern, die steif werden, dann die Arme, die jetzt baumeln, ohne dass ich ihre Bewegungen kontrollieren könnte, und dann die Beine, die sich nicht mehr koordinieren lassen wollen.

Bald bin ich da. Ich bewege mich wie eins dieser Plastikmännchen, mit denen Melvil spielt. Ich kann weder die Arme noch die Beine anwinkeln, ich habe runde Augen und anstelle des Munds ein aufgemaltes Halbmondlächeln. Ich baue mich vor ihm auf.

Ich würde mir jetzt ein Zeichen von ihm wünschen. Ich habe gerade mit einem Sack Ziegelsteine auf der Schulter einen Marathon absolviert, und er hat keine Medaille für mich, die er mir um den Hals hängt? Nicht einmal ein Bravo? Er könnte mir einfach die Möglichkeit geben, ihm von dem Weg zu erzählen, den ich zurückgelegt habe, damit er weiß, dass ich nicht gefallen bin, dass mich niemand gesehen hat, dass ich unbemerkt bleiben werde. Unsichtbar.

Er fragt mich einfach nach meiner Eintrittskarte. Schwarzes Loch.

Meine Eintrittskarte? Ich habe keine. Mein Text ist die Grundlage für dieses Stück. Ich sage nur, wie um mich zu entschuldigen: »Ich bin Antoine Leiris.« Er antwortet mir nicht. Er sieht mich an und wirft mir dann in einem Ton, den eine Krankenschwester anschlägt, wenn sie eine Patientin bittet, ihr Kompott aufzuessen, hin: »Hat der eine Einladung?« Das müsse er den Pressereferenten fragen, murmele ich. »Sind Sie Journalist?«

Sein Ton wird strenger, wir sind jetzt beim Gemeindepolizisten, der einen Falschparker dazu auffordert, doch bitte den Wagen wegzufahren. Ich antworte ihm, nein, ich sei kein Journalist, jedenfalls nicht mehr. Da er sieht, dass die unsanfte Tour nichts nützt, dass ich immer noch nicht verstehe, was er von mir erwartet, entscheidet er sich für einen Ton in Mittellage. Den eines angehenden Lehrers, der seine Schüler zum ersten Mal an diesem Tag auffordert, die Hefte herauszuholen. »Ich rufe sie«, sagt er.

Er ruft eine seiner Kolleginnen und bittet sie, C. von der Presse zu holen, sie müsse irgendwo in der Nähe sein. Während sie die Treppe hochsteigt, rutscht meine Würde bis hinunter in die Socken. Meine Würde wird bald Fußgeruch haben.

Da stehe ich also wartend vor dem Eingang zum Saal und muss meine Identität, die ich lieber verbergen würde, in allen Einzelheiten darlegen. Ich möchte ein einfacher Zuschauer sein, und dieser taktlose Mensch zwingt mich, der Autor zu sein, der für diese alberne Situation verantwortlich ist und außerdem so naiv, dass er glaubt, man werde ihn ruhig in seinem Eckchen lassen, ohne ihn um irgendetwas zu bitten, ohne denen auf der Bühne von seinem Besuch zu erzählen und ohne ihn hinterher zu fragen, wie er es findet.

Ich bin ein bald vierzig Jahre altes Kind, das gerade beim Versteckspiel verloren hat.

Von oben von der Treppe aus bedeutet uns C., es sei in Ordnung. Sie hat einen etwas betretenen Gesichtsausdruck, als wollte sie ihren Kollegen an das Schild auf meinem Rücken erinnern: »In Trauer«. Er wirft einen Blick darauf, als ich an ihm vorbeigehe und scheint etwas zu stammeln, was nach einer Entschuldigung klingt.

Mein Schild, meine Würde mit Fußgeruch und ich setzen uns in die letzte Reihe an den Gang, obwohl mich jemand immer wieder einlädt, da unten, vorn in der Mitte, Platz zu nehmen.

»Dann sitzen Sie in der ersten Reihe!«

Ich brauche keinen Platz in der ersten Reihe. Ich habe keine Lust, in der ersten Reihe zu sitzen. Ich habe dieses Stück schon einmal gesehen.

»Danke, ich sitze hier sehr gut«, sage ich zu ihm.

Es wird dunkel im Saal. Dann geht die Bühnenbeleuchtung an, und mir scheint, dass sich während dieses kurzen Moments der Dunkelheit etwas an der Anordnung des Raums geändert hat. Anfangs ist es kaum wahrnehmbar. Nur ein Eindruck. Alles ist düster, und doch erkenne ich deutlich, dass sich etwas geändert hat. Es sind die Sitze. Die Sitze der Zuschauer sind jetzt dem rückwärtigen Teil des Saals zugekehrt. Ich sehe ihre Gesichter. Im Halbdunkel sehe ich halbe Gesichter mit pupillenlosen Augen und leeren Blicken.

Sie sind mir zugewandt. Die Leute haben sich zu

mir umgedreht. Das Schauspiel findet auf dem letzten Platz links in der letzten Reihe der Salle Jean-Tardieu statt.

Ich weiß, dass es an mir liegt. Ich weiß, dass mich niemand gesehen hat, dennoch fühle ich mich belauert und verurteilt, für schuldig befunden, das Schauspiel unseres Lebens auf einer Bühne geben zu lassen.

Als der Schauspieler die ersten Worte spricht, bin ich wohl der Einzige, der sie hört. Mein Körper ist wie eine Wachsfigur im Sitz erstarrt. Unter den Blicken aller halte ich meine Gefühle zurück. Ich empfinde keinen Zorn, keinen Wunsch, keine Enttäuschung. Vielleicht findet das Schauspiel doch nicht hier in der letzten Reihe statt.

Die Zuschauer wenden sich jetzt einer nach dem anderen der Bühne zu. Ich bin nur noch einer unter vielen. Neugier beginnt sich in mir zu regen. Auf diese Geschichte, auf das Klavier, das den Rhythmus der Tage wiedergibt, auf das Licht. Ich bin ein Hören. Ein Sehen. Die Worte gehen weiter, und ich werde endlich der Zuschauer, der ich sein wollte.

Ich lasse mich von den Momenten des Schweigens tragen. Ich weine über das Fehlen. Ich lächle dem Leben zu. Ich löse mich auf in dieser Gefühlsbewegung, die den Saal zu tragen scheint.

Ich finde den Schauspieler richtig. Mir wird klar, dass der da nicht ich ist. Ich erkenne mich nicht – vermutlich wegen der Stimme. Ich habe in der Tiefe eine Schwere, die er nicht hat. Er ist jünger, oder vielleicht hat er auch weniger Leben gelebt. Er ist leichter. Er macht den Text sagbar.

Es gibt Momente der Schwerelosigkeit. Dieser Zwischenfall, als der Vater dem Sohn die Fingernägel zu schneiden versucht und fürchtet, ihm ein Stück Finger abgeschnitten zu haben. Da sind diese Menschen, die ihm auf der Straße begegnen und die er nicht hört. Die selbstgekochten Breichen von den Müttern der anderen Krippenkinder. Der Brief, den der Vater bei der Beerdigung vorliest. Die Pfütze, in die Vater und Sohn springen, als sie den Friedhof verlassen.

Es hat Ähnlichkeit mit uns, aber das sind nicht wir. Diesen Vater kenne ich nicht. Er ist weder mein noch Melvils Vater. Mir wird die Geschichte eines anderen erzählt. Mir wird der Sohn eines anderen beschrieben.

Das Schreiben hat uns in einem Moment erstarren lassen, der vorüber ist. Ich begreife, dass dieser andere Vater in mir, dieses Ideal, nicht existiert. Der, der mich daran hinderte, Vater zu sein, der mich unredlich machte, ist nur das Ergebnis meiner Fiktion. Wir sind so unterschiedlich. Ich werde ihm überlassen können, was mir so im Weg ist. Soll er den Vollkommenheitsanspruch behalten, für mich bleibt das Annähernde, das Fast, das Nicht-ganz. Ihm bleibt der Schatten des künstlichen Lichts, mir die Sonne, mir der Mond, mir das Echte.

Die Bühne befreit uns, indem sie jenem Augenblick seine Bewegung, seine Körperlichkeit und die Unerbittlichkeit der Gegenwart zurückgibt. Es ist nicht mehr unsere Sache, diesen Augenblick zu tragen.
 Was so schön ist, ist dort, weit weg und so schwer, dass die Bühnenbretter eines Theaters unter ihm ächzen. Wir haben das Übrige. Alles Übrige; das Lebendige.

Auf der Bühne wird es dunkel. Die Saalbeleuchtung geht an, und ich entwinde mich meinem Sitz, wie man sich den Armen eines Menschen entwindet, der einen zurückhält – indem man ein Stückchen von sich bei ihm lässt. Etwas wird hier im Theater bleiben. Vielleicht der Gedanke, dass ich der Vater in dem Buch bin, das mir nicht mehr gehört.
 Der Gedanke, dass ich mich verhalten muss wie dieser Vater sich verhalten hätte. Entscheiden muss, wie dieser Vater entschieden hätte. Dieser Vater sein muss, den man bewundert und bedauert.

Die Tür des Saals, die ich mit der Kraft eines Flüchtenden aufstoße, schließt sich hinter einer Geschichte, die mir nicht mehr gehört. Dieser Vater und dieser Sohn sind Figuren.

Ich denke an Hélène. An sie, die ich dargeboten habe, ohne dass sie ein Wort hätte mitreden können. Ich möchte sie wiederfinden, wie ich mich wiederfinde.

Ich möchte sie sehen und ihr sagen, dass sie wieder ganz allein mir gehört.

Nachdem ich den Saal verlassen habe, schalte ich mein Smartphone wieder ein. Meine Schwester hat mir eine SMS geschickt: »*Hello* Antoine, da wir Weihnachten im Skiurlaub sind, wüsste ich gern schon ein bisschen früher, ob du eine Geschenkidee für Melvil hast.«

Meine Antwort: »Einen neuen Papa.«

Ich denke an ihn.

Ich will schnell zu ihm zurück und höre mich schon zu ihm sagen: »Die Bologneseflecken an der Decke sind uns egal. Wir brauchen ab jetzt nicht mehr zu spielen. Ich habe unser Leben wiedergefunden. Es ist ein Ausrufungszeichen.«

5   Januar 2018

Ich habe Melvil zu einem Spaziergang in den Wald meiner Jugend mitgenommen. Ich sage »Wald«, weil ich ihn noch aus meiner kindlichen Perspektive in Erinnerung habe: ein riesiges Gebiet voller gigantischer Bäume.

In Wirklichkeit ist es ein kleiner Wald, ein Wäldchen, eingeklemmt zwischen drei Städte, die zu dieser bürgerlichen Banlieue gehören. Es ist die Art Wald, in dem man sich nicht verlaufen kann und in dessen Mitte es eine Lichtung gibt und darauf einen Spielplatz mit Schaukeln.

Ich will, dass Melvil diese Leichtigkeit rings um uns spürt. Ich möchte uns vorsichtig aus unserem Rahmen hinausführen, den Ort und den Fokus wechseln. Und wende mich dabei instinktiv dem mir Bekannten zu.

Wir sind auf der Schaukel. Er setzt sich mir auf den Schoß. Ich beuge mich so weit nach hinten, dass wir fast liegen, er und ich. Unsere Köpfe sind zurückgeworfen, wir blicken in den Himmel.

Nach und nach kehrt sich die Schwerkraft um: Bei all dem Hin und Her werden wir zum Fixpunkt, um den herum die Welt schaukelt.

Ein Stückchen weiter steht eine Holzkonstruktion, die etwa so aussieht, wie man sich Robinson Crusoes Hütte vorstellt. Anstelle der Kokospalmen sorgen Kastanienbäume für eine passende Kulisse, und man hört in regelmäßigen Abständen den Zug vorbeifahren, einen dieser ratternden alten Vorstadtzüge.

Auf einer Strickleiter kann man ganz bis oben in das Haus der Schiffbrüchigen klettern. Bei den ersten Malen verweigert Melvil sich dem Hindernis, das für sein Alter zu groß ist. Er sieht es mit einem Gesichtsausdruck an, in dem sich Lust und Furcht mischen, denn er mag weder klettern noch springen, noch in der Luft hängen.

Melvil mag die Gefahr nicht; nicht so sehr, weil er Angst hätte, er wartet nur lieber ab, bis das in Aussicht stehende Vergnügen in der richtigen Relation zum eingegangenen Risiko steht.

Ich folge ihm Schritt für Schritt, bin immer hinter ihm, um ihn zu beschützen.

Wir sichern uns gegenseitig ab wie Bergsteiger an

einem Steilhang. Er da oben, ich unten. Nach jedem gewonnenen Zentimeter schaut er sich nach mir um.

Die meisten anderen Erwachsenen sind auf den Bänken sitzen geblieben, aber ich bin da, mittendrin. Ich kann es nicht so machen wie diese anderen Eltern, dazu bin ich nicht imstande. Ich gehöre nicht zu dieser Kategorie unbekümmerter Menschen.

Bei mir hat der Zufall keine Chance. Mir ist nämlich klar: Mein Brot wird immer auf die Marmeladenseite fallen. Also bin ich da, ich bin wachsam, ich spiele mit, und am Ende rede ich mir ein, das sei es, was Melvil sich wünscht, was er von mir verlangt.

Dieses Mal beschließen wir, dass der große Moment gekommen ist. Für ihn und für mich – und dann können wir es auch in einem Rutsch tun, wie man es mit einem Pflaster tut, das man mit einem Ruck abreißt, oder mit einem nach Anis schmeckenden Sirup, den man in einem Zug wegtrinkt, mit der ersten Zigarette oder dem ersten Kuss.

Man macht die Augen zu, denkt an nichts und stürzt sich hinein, weil man sich im tiefsten Innern ganz sicher ist: Jetzt oder nie.

Er nimmt sein Herz in beide Hände, sieht nicht nach unten. Und dann klettert er, als hätte er diese

Bewegungen viele Male ausgeführt, die Strickleiter hoch.

Ich sehe ihm aus einiger Entfernung zu, akzeptiere, dass ich nicht mit ausgestreckten Armen bereitstehe, um ihn zu lenken, um jeden Griff und Tritt zu überwachen und zu sichern. Ich will, dass er sich seinen Sieg selbst zuschreibt.

Oben angekommen, macht er sich Sorgen um den Abstieg. Er ruft nach mir und streckt mir wie ein Ertrinkender die Arme entgegen. Ich sage, ihm den Weg zeigend: »Am einfachsten ist es, wenn du über die Hängebrücke gehst und dann hinten die Rutsche nimmst.«

Wir verhandeln – »Nein, du holst mich runter«; »Auf deinem Arm«; »Ich will nicht auf die Hängebrücke«. Ich unterdrücke meinen Wunsch, ihn in die Arme zu nehmen, ihn in Luftpolsterfolie zu wickeln und in eine Schublade zu legen, damit ihm bloß nichts passiert.

Er willigt ein, über die Hängebrücke zu gehen, und plumpst eine Minute später vor der schon erwähnten Rutsche in den Sand. Auf dem Gesicht das siegesbewusste Lächeln derer, die dem Schicksal getrotzt haben – als hätte er ganz allein das Unüberwindliche überwunden, das Unübertreffliche übertroffen, das Unbezwingbare bezwungen.

Er ist weder der Erste noch der Letzte, aber das ist mir gleich: Er hat es zu Ende gebracht, er hat es durchgezogen, er hat es geschafft. Es ist für ihn wie für mich ein Sieg.

Ich lasse ihm den Ruhm, ich kenne meine Rolle und bin vollauf zufrieden mit ihr. Ich bin der Sherpa, der den Abenteurer zum Gipfel begleitet. Er hätte sich weh tun können, und wir hätten es beide überlebt.

In der Liebe eines Vaters oder einer Mutter liegt eine gewisse Ambivalenz. Die Niederlagen, die Verletzungen und die Kümmernisse der Kinder lassen immer auch erkennen, dass sie einen Nutzen haben.

Soll man auf sie warten? Lust darauf haben? Sie herbeiwünschen? Auf jeden Fall aber hoffen, dass es nicht zu schlimm wird. Das sind die zwei Seiten der Elternliebe.

Mit einem schlichten Kuss heile ich ihn von den Folgen seines Sturzes. Ich werde zum Unfallchirurgen.

Andere Male bin ich Ornithologe. Ich beobachte, wie er sich zum Essen auf seinen Stuhl setzt. Ich mache keine Bewegung, kein Geräusch, ich atme so flach wie möglich, damit er meine Anwesenheit nicht bemerkt. Ich spähe jedes Detail seiner Nahrungsaufnahme aus. Ich untersuche genauestens seine Beziehungen zu seinen Artgenossen. Ich studiere seinen Gesang. Ich verzeichne die geringste Abweichung in seinem Zugverhalten, wenn er sich abends auf unserem Ast niederlässt.

Ich bin Ozeanologe. Ich stelle fest, wie er sich ans Wasser anpasst. Manchmal ist er Seemann, dann Wal, aber immer ist er von einer Flotte kleiner Amphibienfahrzeuge und von einem Schwarm seiner Plastikfische umgeben.

Ich bin Anatom. Mit einem einzigen Blick überprüfe ich, während ich ihn abtrockne, ob er gut wächst. Ob alles an seinem Platz und richtig aufeinander abgestimmt ist. Ich bin Bakteriologe. Dieser kleine rote Pickel auf seiner linken Pobacke verheißt nichts Gutes. Ich bin Chemiker. Aufs Milligramm genau dosiere ich das Gemüse auf seinem Teller, um jede unkontrollierte Reaktion auszuschließen.

Ich bin Vulkanologe. Ich spüre die Hitze der aufsteigenden Lava und kann Datum und Uhrzeit des Ausbruchs genau vorhersagen. Ich studiere die erstarrten Zornesströme, um herauszufinden, aus welchen Elementen sie bestehen. Ich bin Biologe. Nach dem Schadensfall stelle ich fest, dass die Natur sich jedes Mal wieder durchsetzt. Ich bin Kartograph. Ich zeichne die Grenzen um sein Leben. Ich sage, wohin er gehen darf und wohin nicht.

Ich bin Hydrologe. Fast auf die Minute genau

bestimme ich auf der Grundlage der getrunkenen Wassermenge und der Wahrscheinlichkeit von nächtlichen Flüssigkeitsverlusten den Zeitpunkt für den letzten Toilettengang. Ich berechne, wie lange er für jede seiner Umlaufbahnen braucht, und leite daraus den Zeitpunkt für sein Aufstehen und für sein Schlafengehen ab. Ich bin Geschichtswissenschaftler. Ich erzähle Geschichten und vergesse nie, die Fakten von deren Interpretation zu trennen.

Ich bin Physiker. Ich berechne ausgehend von seinem Masse-Leistungs-Verhältnis unter Berücksichtigung des allgemeinen Kräftegleichgewichts den Moment, in dem ich die Stützräder von seinem Fahrrad abschrauben muss. Ich bin Statistiker. Ich sage die Zeit und die Anzahl der Versuche voraus, die er brauchen wird, um es zu schaffen. Ich bin Anthropologe. Ich halte für die Nachwelt fest, wie er sich bewegt, als er endlich loslegt wie ein Großer.

Als Erstes der Wald meiner Kindheit. Und dann unsere erste Wohnung.

Ich muss in diesem Arrondissement noch Behördengänge erledigen. Ich bin fast nie hierher zurückgekehrt, ich hatte es aus meiner Karte von Paris ausradiert, die sich inzwischen auf den Süden und das Zentrum beschränkt.

Ich muss meine Adresse für den Wahlausweis

ändern lassen, und zwar im Rathaus des achtzehnten Arrondissements. Ein belebter Ort. Ein Karussell dreht sich, und gegenüber steht eine große leere Kirche, Notre-Dame de Clignancourt.

Als wir hinausgehen, schlage ich vor, wir könnten in den Straßen ringsum spazieren gehen, wie wir es gemacht haben, als er noch ein Säugling war.

Wir gehen Richtung Butte Montmartre. Ich genieße die Vertrautheit der Umgebung, die Erinnerungen kommen.

Melvil hat Hunger, und wir gehen automatisch in die Brasserie Le Nord-Sud direkt gegenüber dem Rathaus, dorthin gingen wir an den Wochenenden, um die Hausmannskost zu essen, die wir selbst nicht kochen konnten.

Er bestellt Spaghetti Bolognese. Ich fühle mich wohl, denn was wir an diesem Ort zurückgelassen haben, ist noch da. Diese Freude eines gemeinsam durchlebten Moments.

Die Nudeln werden serviert. Melvil schlingt sie in sich hinein, während ich ihm von den ersten Wochen seines Lebens erzähle. Das habe ich eigentlich noch nie richtig getan. Das Schlafzimmer, in dem wir die beiden Betten zusammengeschoben hatten, um eine riesige weich gepolsterte Fläche zu erhalten, die Besuche bei den Familien, die wir abkürzten, um zu dritt zu sein, die Vormittage auf der Decke mit dem Spielbogen darüber, wenn wir über seine kleinsten Bewegungen in Entzücken gerieten, über seine ganz besondere Art, uns anzusehen und da zu sein.

An die glücklichen Tage zurückdenken. Die Erinnerung wachsen lassen, solange sie noch verschwommen ist, sich die Zeit nehmen, sie zu genießen, und dann, wenn sie genauer wird, wenn ihre Umrisse schärfer werden, wenn die Wirklichkeit sie einholt, wenn die Maske des Phantasmas herunterzurutschen beginnt, die Tür schließen und eine andere öffnen.

Er hört nicht richtig zu. Er schaufelt sich seine Nudeln in den Mund und spürt, dass ich glücklich bin, dass es mich glücklich macht, zu ihm zu sprechen. Das reicht ihm, um seine Portion aufzuessen. Zumindest das, was nicht auf dem Tisch, dem Fußboden, auf seiner Hose, seinem Hemd oder seiner Serviette gelandet ist.

Ein anderer Tag, kurz vor dem Sommer. Wir sind im Bus, auf der Rückfahrt vom Zoo. Er zappelt herum in seinen Frotteeshorts und wiederholt möglichst nah am neutralen Tonfall der weiblichen Stimme, die ihn ansagt, den Namen der nächsten Haltestelle.

Ich sehe nichts und höre nichts. Nachdem ich den ganzen Vormittag herumgelaufen und -gehüpft bin, erzählt, geschimpft, gelacht und Schokoladenflecken weggewischt habe, ist meine verbliebene Aufmerksamkeit ganz auf ihn gerichtet. »Olympiades«, »Choisy«, »Italie«, »Moulins-des-Prés« …

»Bobillot-Tolbiac« – ich schrecke hoch. Noch bevor Melvil etwas verstehen oder einwenden könnte, habe ich ihn schon an der Hand gepackt und ziehe ihn zur hinteren Tür. Genauso heftig, wie ich diesen Ort wiedersehen will, will ich, dass er ihn sieht. Es ist etwas geblieben. Es ist ein magischer Ort, so magisch, dass Hélène und ich nie an ihn zurückgekehrt sind, vielleicht aus Angst, den Zauber zu zerstören.

Die Tür schließt sich, und wir stehen in der warmen Maisonne gegenüber der Nummer 24 in der Rue Charles-Fourier. Vor uns ragt ein großes rosa Gebäude auf, vielleicht ist es auch eher violett.

Ich erinnere mich noch an das schräg einfallende Licht dieses Spätnachmittags im Juni. An die Musik überall in den Straßen. An das, was ich mir auf den Weg hierher immer wieder vorsagte. Nicht vergessen, ihr zu sagen, dass sie schön ist. Ihr ein Kompliment über ihre Schuhe machen. Ihr vorschlagen, ein bisschen spazieren zu gehen und irgendwo etwas zu trinken.

Ich gehe noch schneller. An meiner Hand hängend, rennt er die Straße hinunter bis zu einem kleinen schattigen Platz. Ihn sofort wiedererkennen. Diesen

Augenblick unmittelbar davor wieder durchleben, in dem noch nichts sicher ist, in dem alles noch kippen kann. Sich ihrem Gesicht nähern. Eine Hand an ihre blasse, warme Wange legen. Ihren Hals unter meinen Fingern spüren, ihre Mundwinkel, die sich heben.

Der Verkehrslärm ist verschwunden. Auf einer Terrasse sitzen Leute. Melvil folgt mir ins Café, ich frage die Kellnerin, ob wir einen Schokoladeneisbecher mitnehmen dürfen, nur bis dorthin, in die Mitte des Platzes, wo eine kleine Grünfläche mit Spielgeräten ist.

Seit der Flucht aus dem Bus hat er kein Wort gesagt. Er, der sonst so Redselige, schweigt beharrlich. Wir gehen bis zu dem Mäuerchen am Rande des Parks. Wir setzen uns nebeneinander, ich mit seinem Eisbecher, er mit dem Löffel, den er genießerisch hineintaucht. Endlich umarme ich ihn.

»Hier haben wir uns kennengelernt, deine Maman und ich«, sage ich. Ich hatte diese Erinnerung so lange beiseitegeschoben. In meiner Stimme klingt etwas an, was er noch nicht kennt.

»Hier bist du geboren«, sage ich dann. Geboren aus dieser Liebe, die ich glaubte zurückgelassen zu haben und die mich heute wieder einholt, als wir beide da sitzen, an genau dem Ort, an dem ich mit Hélène war.

Er fragt mich ganz schlicht:
»In Paris?«
»Ja, in Paris.«

Das Gefühl, die Intimität zulassen. Es wieder in mich einlassen. Es nicht an der Tür ablegen oder in die Tonne werfen. Die Fenster nicht mehr geschlossen und die Mauern nicht mehr aufrecht halten.

Ein anderes Mal, an einem Sonntag, nehmen wir den Wagen und fahren ohne festes Ziel los. Es ist keine besondere Überraschung, dass wir in dem Viertel landen, in dem meine Großmutter wohnte, nicht weit entfernt vom Wald meiner Kindheit und seinen Schaukeln. Eine Siedlung wie viele andere, mit sauberen Straßen und radfahrenden Kindern.

Mein Großvater hatte dort in den sechziger Jahren ein Grundstück gekauft. Meine Großmutter erzählte mir, wie es war: Er war eines Tages nach Hause gekommen und hatte aus heiterem Himmel verkündet, er habe den Ort gefunden, an dem sie leben würden. Dort ließen sie ihr Haus bauen.

Ich habe es Melvil nicht gezeigt. Nur die Straßen, den »Teufelspfad«, den ich auf dem Rad mit Karacho hinunterraste, und diese Häuser, keins wie das andere, und doch alle vom Stil ihrer Epoche geprägt.

Da gibt es dieses quadratische Haus, dessen Parterre nur halb aus der Erde ragt und dessen Wohnräume im ersten Stock liegen. Vor die großen Glasfenster sind lange gestreifte Vorhänge in Weiß und Gelb oder Weiß und Blau gezogen.

Und da gibt es dieses andere weiße Haus, einer Bauernkate nachempfunden und mit künstlichem Strohdach. Oder den angelegten See, der von einem Schwanenpaar bewohnt wird.

Ich parke den Wagen daneben und schnalle Melvil los. Ich schlage ihm vor, an den Teich zu gehen und den Schwänen Krümel von seinen Keksen zuzuwerfen. Sie schwimmen auf uns zu. In ihrer Haltung liegt immer noch dieselbe Verachtung, die ich schon als Kind gespürt habe. Als würde diesem Tier durch seine Schönheit, seine Eleganz, durch den langen Hals und die Schwingen eines gefallenen Engels eine Art Überlegenheit verliehen.

Ich ermahne ihn aufzupassen, dass er nicht hinfällt, und erzähle ihm, wie ich, kaum älter als er, in diesen See gefallen bin, als ich den Schwänen Krümel zuwarf.

Dann beschreibe ich ihm meinen Vater, der ins Wasser sprang, um mich wieder herauszufischen, während die Vögel mich anzugreifen begannen.

Melvil wirkt erstaunt – was, Papa, du hattest auch einen Papa?

Ich erzähle ihm von den Schnabelhieben, der Panik, dem Gefühl zu ertrinken, obwohl ich doch Boden unter den Füßen hatte, und vom Schlamm, in dem ich versank.

Er versteht nicht alles. Doch ohne mich anzusehen, entfernt er sich vom Wasser und hört auf, die zu füttern, die einmal böse zu mir gewesen sind.

Unser Spaziergang führt uns bis zu einer Tennisanlage. Da, genau dahinter, habe ich meine ersten Zigaretten geraucht. Dort trafen wir uns, nachdem ich meiner Großmutter ein paar Glimmstängel aus dem Päckchen Rothmans geklaut hatte.

Wir kommen an einem Haus vorbei. Ich erkenne es: Ich war bis über beide Ohren verliebt in das Mädchen, das dort wohnte; eine dieser Jugendlieben, die keine Spuren hinterlassen, weil sie nie über das Stadium der Verliebtheit hinausgekommen sind.

Sie war eine Bohnenstange und überragte mich um drei Köpfe. Jeden Abend gingen wir gemeinsam von der Schule nach Hause. Ich habe ihren Vornamen vergessen, und wenn ich jetzt darüber nachdenke, glaube ich, sie war gar nicht so schön, nur groß und blond. Aber sie mochte mich.

Ihr Haus ist immer noch so gut in Schuss. Und ich spüre immer noch die ganze Verlegenheit, die ich als kleiner Junge empfunden habe. Sie und ich sind Hunderte Male nebeneinanderher gegangen, ohne dass ich es je gewagt hätte, sie zu küssen. Dieses Unvermögen hat mich lange verfolgt. Auch später küsste ich oft einfach so, zufällig, ohne dass ich es hätte entscheiden, es erbitten oder selbst hätte initiativ werden müssen. Mir war lieber, man verfügte über mich. Anders wusste ich mich ohnehin nicht zu verhalten.

Diese Entscheidungsunfähigkeit und Entschlusslosigkeit habe ich lange behalten. Das Leben zwang sich mir auf. Ich war eine Nebenfigur. Ein Arbeitgeber sagte mir, ich hätte Potenzial, und ich arbeitete emsig. Ein Freund sagte mir, ich sei wichtig, und ich gab mir viel Mühe mit ihm. Hélène sagte mir, ich würde Vater, und ich weinte.

Wir steigen wieder ins Auto und fahren durch die engen Straßen. Ich lasse mich auf unseren Wegen blind und ohne irgendwelche Befürchtungen von meinen Eindrücken leiten.

Wir folgen denselben Strecken, die ich als Kind und Jugendlicher zu Fuß, auf dem Rad und dann auf dem Motorroller zurücklegte. Planlos zusammengeschusterte Strecken, die ich mir visuell gemerkt habe, ohne genaue Erklärungen oder Straßennamen – nach der Ampel an der Ecke der Straße mit dem Tabakladen die zweite links, dann in der Haarnadelkurve mit dem Stoppschild nach rechts usw.

Wir nehmen also die zweite rechts nach dem ehemaligen Prisunic, biegen dann an der Kirche links und gleich danach, an der Topy-Leuchtreklame, rechts ab.

Meine frühere Schule liegt mitten an einem steilen Hang und ist zweigeteilt. Sie besteht aus zwei großen Gebäuden, die ich automatisch mit dem 19. Jahrhundert und der Schule der Dritten Republik in Verbindung bringe, obgleich mir meine Architekturkenntnisse keine genauere Bestimmung erlauben.

Im oberen Teil, der früheren Jungenschule, die Großen von der dritten bis zur fünften Klasse; im unteren Teil, der ehemaligen Mädchenschule, die Kleinen der ersten und der zweiten Klasse. Zwischen den beiden Teilen eine Treppe, die dafür sorgt, dass alle Zugang zur Schulmensa haben.

Ich parke den Wagen. Wir steigen aus und gehen auf die Gebäude zu. Ich denke an den Film *Ist das Leben nicht schön?* von Frank Capra. Am Heiligabend will James Stewart sich umbringen, weil er glaubt, sein Leben verpfuscht zu haben, doch ein Engel – der noch keine Flügel hat – kann ihn retten. Um ihn zum Weiterleben zu überreden, bringt der Engel ihn zu den Orten, die für ihn wichtig waren, und zeigt ihm, wie es dort weitergegangen wäre, wenn er nie gelebt hätte.

Ich sage mir: Es ist dieselbe Bewegung, die mich leitet, und mein kleiner Engel hält mich an der Hand.

Als wir vor den Gebäuden stehen, erkläre ich ihm, ich sei, als ich etwa so alt gewesen sei wie er, an jedem Wochentag hierhergekommen und genauso zur Schule gegangen wie er. Ich zeige mit dem Finger auf das Büro des Schuldirektors und das der Schulschwester, wo, wie mir jetzt klarwird, ein Teil von mir geformt wurde. Ein unbedeutender Moment, der in mir dennoch eine tiefe Veränderung ausgelöst hat.

In unserer Klasse gab es den gleichen »Großen«, den es in jeder Klasse gibt, in allen Altersstufen und allen Epochen. Bei uns hieß der, der zwei Köpfe größer war als alle anderen, Patrick. Ein riesiger Junge, fast ein Mann, mit krausem Haar und schon im Stimmbruch. Er war nicht bösartig, er setzte seine Kraft nur selten ein, aber er machte Eindruck, auch auf mich.

Am Tag der Pflichtimpfung, als wir alle im Schulhof aufgereiht warteten, sah ich, wie er vom Direktor herbeigezerrt wurde, weinend. Er wolle keine Spritze, schrie er. Dieses so kräftige Kind zeigte vor aller Augen seine panische Angst.

Ich weiß noch, ich spürte, wie ein Beben durch die Reihe ging. Als hätte diese Möglichkeit, sich zu weigern, nein zu sagen, zu kämpfen, zu schreien, die niemandem von uns in den Sinn gekommen war, die Angst geweckt, die in jedem von uns schlummerte.

Melvil ist ein erst wenige Stunden alter Säugling. Eine Krankenschwester kommt in das Zimmer, in dem Hélène und ich mit ihm zusammen sind. Sie sagt: »Wir müssen ihm Blut abnehmen.« Sie erklärt, das könne schwer auszuhalten sein, weil man eine Vene in der Hand suchen müsse und die seien in diesem Alter schwer zu finden.

Er solle lieber allein mitkommen, denn er werde sehr weinen, sagt sie. Wenn er es aushalten könne, dann könne ich es auch, antworte ich ihr.

Ich bin zehn Jahre alt, ich stelle mich in die Reihe, gehe in den Raum der Schulschwester, mein Körper spannt sich an, mein Unterkiefer verkrampft sich. Sie sticht zu, und ich weine nicht.

An jenem Tag gehörte ich zu den wenigen, die nicht weinten. Daraus leitete ich eine Definition meiner Stärke ab. Ich würde nicht der Mutigste sein, nicht der Schönste, nicht der Witzigste, nicht der Brillanteste und weder im Sport noch bei den Mädchen der Beste.

Ich würde der sein, der dem Schmerz am besten standhält. Der, der nie etwas von seinem Leid zu erkennen gibt. Der, der aufrecht bleibt. Dieser kleine Junge steckt noch immer in mir.

Ich möchte Melvil das Innere zeigen, aber die Mauern sind zu hoch, genauso wie das Tor, das jetzt, am Sonntag, fest verschlossen ist. Ich ziehe ihn also weiter mit, um festzustellen, ob man nicht am Eingang, der durch den Musiksaal führt, irgendwie ins Innere spähen kann.

Im Vorbeilaufen erkenne ich den Platz wieder, wo wir mit Murmeln gespielt haben. Er sieht jetzt anders aus. Unser Spielfeld war unter einem Regenrohr, und wir riskierten dort wie in einer Spielhölle unser Vermögen. Ich weiß noch, dass ich nie die schönsten meiner Sammlung aufs Spiel setzte, ich hatte zu große Angst, sie zu verlieren.

Ich setzte eher en gros. Ich versuchte, die schönsten Murmeln der anderen zu gewinnen, und setzte dafür einen größeren Posten durchschnittlicher von meinen.

Die Anzahl war mir egal, Mengen waren mir immer egal; ich wollte die schönsten, die kostbarsten.

Wir gehen noch einmal auf der anderen Seite der Straße bis zum höchsten Punkt dieses sich über mehrere Ebenen erstreckenden Schulhofs. Ich erinnere mich an große vergitterte Fenster unter einer Art kleinem Vordach in einer Ecke des Schulhofs der Älteren, und ich möchte alles wiedersehen.

Melvil versteht nicht so recht, was wir hier treiben und wonach wir suchen, doch er macht mir alles nach, und wir schirmen die Augen mit der Hand ab, um zu beobachten, dass sich nichts tut.

Ich bin wie er vier Jahre alt, wir sind gleich groß und sehen gemeinsam und mit derselben Sehnsucht den Schulhof an, auf dem wir bald herumlaufen werden.

Unter dem Vordach stehen Tischtennisplatten. Unsere waren aus Holz, die jetzigen sind aus Beton. Damals habe ich mir die Haut an den Rippen aufgeschürft, wenn ich um die Platte rannte. Im letzten Schuljahr benutzten wir immer den Tisch ganz hinten. Niemand machte uns diesen Raum, den wir uns einfach aneigneten, streitig, wir waren die Ältesten.

Im Spiel und im Wettkampf habe ich immer dieselbe Entschlossenheit besessen wie damals angesichts der Impfspritze. Ich gab nicht nach. Es kam vor, dass ich so tat, als wäre ich ein guter Verlierer, weil ich die Demütigung der Niederlage nicht ertrug. Dann sagte ich: »Ich habe eben keinen Kampfgeist.« Aber ich gab sofort jeden Sport und jedes Spiel auf, bei dem ich nicht gewinnen konnte. Später trieb ich gar keinen Sport mehr, weil ich solchen Verdruss vermeiden wollte.

Ich habe noch eine Reihe von Automatenpassbildern aus der Zeit, als man sich zwischen den Aufnahmen noch bewegen durfte. Natürlich sind immer nur drei Fotos von den ursprünglichen vier da – das letzte wurde wahrscheinlich für einen Fahrausweis gebraucht.

Auf allen Bildern habe ich dasselbe versteinerte Lächeln, dieselbe verrenkte Haltung, dieselbe Abwesenheit im Blick. Außerdem neige ich mich immer mehr dem Ausgang der Kabine zu. Vielleicht war ich auf dem letzten Bild auch einfach nicht mehr da.

Manchmal bleibt uns aus unserer Kindheit ein erstarrtes Bild. Ein Echo unserer selbst in einem bestimmten Moment, an einem bestimmten Ort, in einer bestimmten Haltung. Das Bild, das ich von mir behalte, ist diese unheilbare Neigung, aus dem Rahmen hinauszuwollen, die Vorstellung, dass, wenn ich leise genug bin, niemand merken wird, dass ich nicht mehr auf dem Bild bin – dieses fehlende Foto.

»Hier«, erzähle ich meinem Sohn, »hat Papa schöne Siege errungen.« Ich erzähle ihm vom wilden Rennen und Schlittern, von angeschnittenen Bällen und Schmetterbällen, die man mit dem Gegner verabredet hatte, um sich einen Platz im Finale zu sichern.

Solche Erinnerungen gehören nicht zur Geschichte, die ich mir von meinem Leben erzähle. Als wären sie an den Orten geblieben, mit denen sie verknüpft sind. Danach legt man sie beiseite. Sie sind dort. Anderswo. Sie kommen nur an diesem Ort wieder hoch.

Melvil ist sprachlos angesichts der Vorstellung, dass ich all das getan haben könnte. Er sieht mich konzentriert und schweigend an, versteht nicht, warum ich plötzlich so klein bin, warum wir uns mit einem Mal so sehr gleichen; das gleiche Gesicht, das gleiche fliehende Kinn, die gleiche Neigung zum Beobachten, die gleiche Mischung aus Angst und Willenskraft, die gleiche Präsenz.

An seinem Blick sehe ich, dass er sich nicht vorstellen kann, ich sei jemals anderswo gewesen als Radio hörend in meinem Sessel, hätte jemals etwas anderes gemacht als Hörnchennudeln gekocht – ich habe zig Kilo Hörnchennudeln gekocht – und Staub gesaugt, wäre jemals selbst hingefallen, statt ihn nach einem Sturz wieder auf die Beine zu stellen, hätte je geschrien ohne die Absicht, zu schimpfen, wäre je unaufmerksam gewesen, hätte je, ohne rechts und links zu schauen, die Straße überquert oder jemals geweint, weil mir etwas weh tat.

Auch ich hätte mir meinen Vater nie anders vorstellen können als mit einer Zigarette im Mundwinkel und am Steuer eines Wagens.

Es überfordert uns beide. Ich sehe mich durch seine Augen an. Ich hatte den kleinen Jungen vergessen, der ich war. So wie Melvil sich jetzt fragt, was ein Erwachsener wie ich mit seinem aufrechten, steifen Körper, seiner tiefen Stimme und seinem gebügelten Hemd auf einem Schulhof zu suchen hat.

Als wäre ich immer da gewesen, in genau diesem Zustand. Als wäre ich nie selbst Kind gewesen. Als könnte ich nur das sein: sein Vater.

6   März 2018

Lange habe ich sämtliche Bildschirme zu Hause verboten. Aber schließlich war ich doch damit einverstanden, dass wir uns am Wochenende zusammen einen Film ansahen.

Ich erinnerte mich an eine bestimmte Zeichentrickserie, die ich einige Jahre zuvor aufgezeichnet hatte, sie hatte mich fasziniert wegen ihrer Feinfühligkeit und Suggestivkraft, die sich jedoch nie aufdrängte, sondern immer subtil blieb und dem Zuschauer eher mehrere Fährten als einen direkten Weg wies. Es gibt weder Böse noch Gute, und die Musik ist mitreißend.

An diesem Samstag sind wir beide noch im Schlafanzug, und ich schlage ihm vor, wir könnten *Ernest und Célestine* schauen und dabei einen Schokokuchen frühstücken. Ich möchte mit ihm gemeinsam Spaß haben, während wir diese Geschichte von dem Bären und der Maus ansehen, zwei Tierarten, die gemeinhin nicht als Gesprächspartner gelten.

Oben der Bär, unten die Maus.

Ich schalte den Computer ein. Für mich findet das Schauspiel an zwei Orten gleichzeitig statt: der Film und er, der sich mit weit aufgerissenen Augen an den Bildern freut, die er praktisch zum ersten Mal in Bewegung geraten sieht. Sein anfängliches Lächeln löst sich nach und nach von seinen Lippen und macht einer Miene hingegebener Konzentration Platz.

Ich schaue ihm beim Zuschauen zu. Er merkt nicht einmal, dass ich ihn beobachte, so vertieft ist er in das Lied des Bären, der Hunger hat, und so fasziniert von der kleinen Maus, die sich hartnäckig weigert, den ihr vorgezeichneten Weg zu gehen.

Ich höre ihn essen. Es klingt wie ein Orchester, wenn er isst. Fleisch erzeugt hohe, kurze, helle, schnelle, abgehackte Töne. Reis und Nudeln sind langsamer, sie geben den Rhythmus vor, sie werden in großen Bissen gekaut. Das Schokoladenéclair wird ganz gedämpft verzehrt und endet mit einem zarten Ton.

Melvil zuckt leicht zusammen, als der Bär niest, und legt dann seine Hand auf meine, als Célestine ausgeschimpft wird. Er sitzt ganz angespannt da, als die wilde Hetzjagd durch die von den Mäusen bewohnte Kanalisation beginnt. Und Doudou wird ganz fest gedrückt, als Célestine endlich Ernest findet und ihn nie mehr verlassen will.

Nach dem Film wendet er sich mir zu und bittet

mich, eine Szene nachzuspielen, die ihn besonders beeindruckt hat. »Du bist Ernest, und ich bin Célestine«, sagt er gebieterisch. Er beginnt: »Aber Ernest ...« An dieser Stelle des Films sind die Maus und der Bär der Polizei knapp entronnen und stehen vor dem Haus des Bären. Und der sagt der kleinen Maus, sie müsse jetzt in ihr und er in sein Zuhause gehen. Worauf sie antwortet: »Aber Ernest ...«

Ich nehme eine Bärenstimme an und gebe zurück: »Nichts da ... Keine Maus in meinem Haus!« Dann verlasse ich türenschlagend den Raum. Er bricht in Lachen aus und springt vom Sofa. »Aber Ernest ...« antwortet er mit exakt der richtigen Dosis an Flehen in der Stimme.

Er verlangt, dass ich ihn, genau wie es der Bär mit der Maus getan hat, am Halsausschnitt seines Schlafanzugoberteils packe, um ihn aus meinem Haus zu werfen. »KEI-NE-MAUS-IN-MEINEM-HAUS ... Das wird dir jeder Bär sagen. Lässt du eine rein, kommen tausend nach!« Unbändig lachend, werfe ich ihn aufs Sofa.

»Aber Ernest ...« Seine Erinnerungen werden verschwommener, er fängt an, die Wörter zu verwechseln und Passagen zu überspringen. In wildem Durcheinander erzählt er mir von dem Besen, mit dem man die Mäuse vertreibt, dann von den Teppichklopfern und schließlich von den Klebefallen, auf denen Célestine zufolge die Herzen der kleinen Nager vor Angst explodieren.

»Du willst also, dass mein Herz explodiert ... Ja, Ernest?« Ich ziehe das Gesicht eines extrem ungehobelten Bären. Er sagt: »Die Bären oben, und die Mäuse unten, ja?« Er zeigt denselben Zorn wie die Figur der Maus. Und wiederholt mehrmals: »Du bleibst schön oben, Ernest!« Und dann tut er so, als wollte er wie die kleine Maus im Film in den Keller laufen und sich dort einschließen.

Ich kann mich nicht mehr an die Antwort darauf erinnern. Er vermerkt es bitter und sagt mit gerunzelter Stirn zu mir: »Du sagst: Du bleibst schön unten, Célestine!« Ich gehorche, und danach spielt er ganz allein die Szene nach, in der sich das Mäuschen allerlei sucht, um ein Bett im Keller zu bauen.

Wir verbringen einen ganzen Tag in einem Zustand reinen Glücks. Im Verlauf dieser wenigen Stunden bin ich nicht nur Melvils Vater, der Mann, der die Anweisungen gibt, die Sprache bestimmt und die Entscheidungen trifft.

Ich bin nicht mehr der, der die Grenze zwischen Gut und Böse zieht, der Priester und das Buch, Alpha und Omega, Anfang und Ende, Staatsanwalt und Bulle, Gefängnisaufseher und Strafvollzugsrichter, Schiedsrichter und Gerechter.

Ich bin sieben Jahre alt und verbringe den Nachmittag im Garten, auf der Jagd nach den Spinnen, die sich unter den Steinen verstecken. Außerdem höre ich genau, wie meine Mutter mich zum Abendessen ruft.

Ich erinnere mich, dass ich mit meiner Schwester zusammen Lachkrämpfe bekam, heimlich in ihre Freundinnen verliebt war und ganze Samstage mit meinem Bruder Videospiele spielte, ohne ihn ein einziges Mal gewinnen zu lassen.

Ich erinnere mich, dass ich Freunde hatte, Dummheiten machte, auf einen Baum kletterte; mein Freund Guillaume schaffte es dann nicht wieder hinunter, er heulte so lange, bis mein Vater ihn herunterholte.

Ich fuhr Fahrrad und nahm sehr heiße und sehr schaumige Bäder, bis meine Fingerkuppen ganz runzelig waren. Ich ließ meine schmutzige Wäsche herumliegen, rauchte meine erste Zigarette und, ja, ich liebte meine Eltern.

Als ich Melvil an diesem Abend ins Bett bringe, erinnere ich mich wieder an den Duft des Flieders im Frühling, an die stacheligen Kastanienschalen im Frühherbst, an die in Butter gebratenen Seezungenfilets bei meiner Großmutter und an das schlurfende Geräusch der Hausschuhe auf dem Fliesenboden.

Das Hinterrad des BMX-Rads schlitternd ausscheren, mit dem Gartenschlauch einen Regenbogen aufschillern lassen, auf die Samtbezüge der Sessel schlagen, damit der aufsteigende Staub im Sonnenlicht glitzert, Kirschkerne spucken und sich für einen Cowboy halten, sich von der Musikalität eines Ballwechsels beim Tischtennis hypnotisieren lassen, Keith Richards' Gitarrenspiel entdecken, in David Lynchs *Lost Highway* zu David Bowies Stimme die Straße dahinfliegen sehen, in seinem Zimmer alles aus- und dann ordentlich wieder einräumen, pfeifen lernen, im Winter das Fenster öffnen, damit es sich unter der Bettdecke warm anfühlt, wie ein Wiesel losflitzen, wenn man es am Ende doch schließen muss, denn: »Wir heizen nicht für draußen!«

Und dann dieses Bild: In meiner Kindheit war unser Haus von Mauern umgeben, die mir, klein, wie ich war, riesig erschienen. Ich wüsste nicht genau zu sagen, wie hoch sie waren, aber mein Vater konnte, wenn er die Arme ausstreckte, die Oberkante berühren – ich weiß, dass er einen Meter achtzig groß war, diese Mauern waren also vielleicht zwei Meter zwanzig oder vierzig hoch.

An der Mauer neben der Garage war Holz gestapelt, so dass es möglich war, hinaufzuklettern. Lange hatte ich Angst, es zu tun. Dann, eines Tages, tat ich es meiner Schwester nach. Sie schien vor gar nichts Angst zu haben.

Das erste Gefühl dort oben war die Angst vor der Leere, die Vorstellung von Gefahr. Doch sie löste sich bald auf und verwandelte sich in etwas anderes. Die Vorstellung von reiner, absoluter Freiheit, einer Freiheit, die keinem Zwang ausgesetzt ist außer dem der Physik – wenn ich meinen Fuß dort hinsetze, falle ich runter.

Auf dieser Mauer war ich nirgendwo, weder zu Hause noch beim Nachbarn, sondern dazwischen.

Das ist ein anderes Bild, das ich von mir behalten habe. Auf meiner Mauer sitzend, an der Grenze, ohne Nationalität, ohne Bindung, in internationalen Gewässern.

Am Tag darauf sind die Bäume halb nackt, in sich selbst zusammengekrümmt, von der Kälte verkrampft. Das Gras auf dem Randstreifen ist leicht weiß überstäubt, der Boden hart, die Luft auch.

Die Kälte dämpft alle Gerüche, nur der Stein und die Rinde sind noch zu riechen. Die Feuchtigkeit lässt einen Dunst aufsteigen, der jede Straße in eine Sackgasse verwandelt.

Ich habe diese kalten, feuchten Morgen immer geliebt. Es ist noch dunkel, wenn man die Haustür hinter sich zuschlägt. Man sieht nicht viel, also orientiert man sich nach dem Gehör. Das Geräusch der Schritte auf dem gefrorenen Gras gibt den Rhythmus und die Richtung vor.

Wir stoßen den dampfenden Atem aus und tun dabei so, als rauchten wir eine Zigarette. Wir sind dick in Jacken und Schals eingemummt. Still und leise schlüpfen wir in den Wagen.

Wir müssen warten, bis der Motor warm gelaufen ist. Wir reiben uns die Hände, um sie aufzuwärmen. Es riecht nach Benzin und heißem Kunststoff. Mit dem Handrücken wischt mein Vater die Windschutzscheibe frei.

Melvil sitzt hinten. Er hat seine Mütze auf dem Kopf und um den Hals einen roten Schal, mit dem er aussieht wie ein Weihnachtswichtel. Dieser Augenblick ist nicht feierlicher als jeder andere Samstag; wir wollen einen kleinen Ausflug machen.

Der Wagen stürzt sich in die hübschen kleinen Straßen. Der Reif ist noch da. Draußen ist niemand zu sehen, nur immer höher werdende Zäune und davor geparkte Wagen. Wer meine Vorstadt besucht, könnte glauben, dass sie nur von Automobilen bewohnt wird.

Ich weiß die Schönheit der Gebäude, das viele Grün und die Ruhe zu schätzen. Alles ist gut angelegt, die Straßen sind sauber. Einen Moment lang denke ich,

ich würde gern hierher zurückkehren, um hier zu leben. Doch sehr bald kommen die Erinnerungen an die Einsamkeit, die Leere, das Eingeschlossensein hoch.

Ich bin im Paradies aufgewachsen, im biblischen Sinne des Wortes, in einer Welt, die eingetaucht war in einen absoluten Frieden, den nichts stören durfte. Ein Bild, ein Rahmen, doch hinter den Kulissen geraten sich die Pinselstriche in die Haare.

Als Kind verwünschte ich diese Umgebung. Wenn man dort aufwächst, wächst man in sich selbst auf. Meine Eltern sind dort in sich selbst gestorben, wie im Innern eingeklemmt.

In einigen Metern Entfernung stelle ich den Wagen ab. Ich schnalle Melvil los. Rücke ihm die Mütze auf dem Kopf zurecht. Er verlangt nichts, er ist damit zufrieden, mir zu folgen.

Es ist kalt, eisig. Wir beide stehen jetzt vor dem Zaun des Hauses meiner Kindheit.

Damals fand ich es riesig, es gab drei Stockwerke und einen Keller – ich konnte mich überall verstecken. Heute scheint es nicht größer zu sein als die anderen.

Meine Schwester und ich hatten unser Zimmer ganz oben, im ehemaligen Speicher. Zwei Velux-Fenster waren ins Dach eingelassen, der Teppichboden war elektroblau und gab einen leicht muffigen Geruch nach Staub und Feuchtigkeit in den Raum ab. Wir hatten jeder einen kleinen Schrank für unsere Sachen. Meiner war voller billiger Sweatshirts und blauer Cordhosen.

Ich hatte meine Sonntagskleidung auf einen Bügel gehängt. Ein weißes Poloshirt, das ich bis zum obersten Knopf schloss, eine hellblaue Fliege, die ich mit Hilfe eines kleinen Klettbandverschlusses um den Hals binden konnte, und opalgrüne Hosenträger, auf denen kleine Reiter abgebildet waren.

Mein Vater und meine Mutter hatten ihr Schlafzimmer in der Etage darunter. Mein Bruder war gleich nebenan. Wenn wir im Dachgeschoss waren, spitzten wir immer die Ohren, um mitzubekommen, was unten vor sich ging.

In diesem Haus teilte sich alles über Geräusche und Töne mit. Das Abendessen, das man in der Pfanne brutzeln hörte, die Eingangstür, die man quietschen, das Badewasser, das man bei meinen Eltern einlaufen hörte.

Wie Radiohörer erlebten wir mit, wie das Leben sich aufbaute und vorbereitete und wie sich später eine Familie auflöste.

Mein Vater hatte das Haus in heruntergekommenem Zustand gekauft und wollte es wieder in Schuss bringen. Es war das Projekt seines Lebens. Einen Teil der Bauarbeiten hatte er selbst übernommen. Er hatte die ganze Fassade neu verputzt und das Dach repariert. Er hatte Wände eingerissen, um unten einen großen Raum zu schaffen, und den ersten Stock vollständig renoviert. Er hatte das Dachgeschoss ausgebaut, um ein Zimmer für meine Schwester und mich einzurichten.

Ich erzähle Melvil die Geschichte dieser Bauarbeiten, wie ich sie selbst in seinem Alter erlebt habe.

Die Dauerbaustelle, die überall herumliegenden Werkzeuge, mit denen ich spielte, die Farbflecken auf den Poloshirts meines Vaters und seine Stärke.

Als wäre die Zeit stehengeblieben, erzählt das Haus diese Geschichte, die wir in ihm vor fast dreißig Jahren geschrieben haben.

Im Erdgeschoss befanden sich das Wohnzimmer mit Essecke und die Küche. Mein Vater hatte den Boden mit bräunlichen Fliesen ausgelegt, weil das hygienischer war und nicht so viel Pflege erforderte wie Parkett. Die Küche war zu klein, und die Tapeten passten nicht zusammen.

Mein Vater wollte sein Haus in Ordnung halten, er sah sich als Patriarch, als Baumeister, Nestbauer, aber er hat es nie zu Ende gebracht – weder das Haus noch etwas anderes. Etwas fertig machen heißt sich dem Urteil über das Ergebnis aussetzen. Er hat sich nie an dem Talent gemessen, das er zu haben glaubte. Er sah sich lieber in der Rolle des verkannten Genies als in der des gescheiterten Künstlers.

Nein, er war nicht nur einfacher Buchhalter, er hatte keineswegs die Firma ruiniert, die er hatte aufbauen wollen, und er hatte das Haus nicht zur Dauerbaustelle werden lassen. Statt sich dieser Unfähigkeit, etwas zu beenden und abzuschließen, zu stellen und sich selbst zu befragen, sah er das Problem im Außen, im Anderen, in den anderen.

Diese Verweigerung lenkte ihn von seiner Unfähigkeit ab.

»Man« hatte ihn unterschätzt, »man« hatte ihn gehindert, »man« hatte ihm nicht geholfen. »Man« erlaubte es ihm, seine eigenen Grenzen nicht zu erfassen.

Im Heranwachsen formte ich mich im Widerstand gegen diesen Zorn, diese Bitterkeit.

Als mein Bruder noch sehr klein war, musste er sich oft übergeben, andauernd, es ging so weit, dass meine Eltern ihm schließlich Fläschchen mit einer Mischung aus Wasser und Grenadine als Nahrung gaben.

Jedes Mal war es mein Vater, der es wegwischte. Wir anderen zogen eine angeekelte Miene, meine Mutter sagte, sie könne den Geruch nicht ertragen, und schloss sich ins Schlafzimmer ein, meiner Schwester wurde übel davon. Aber mein Vater beseitigte alles ohne das leiseste Zurückschrecken.

Was bedeutete da schon seine Unfähigkeit, seine Projekte zu Ende zu bringen und auszuführen? Ich bewunderte diese Leistungsfähigkeit im Alltag. Seine Vaterrolle immunisierte ihn gegen den Geruch des Erbrochenen.

Genauso konnte ich mir auch nie vorstellen, dass er je erschöpft wäre. Er war es, der uns beruhigen kam, wenn wir nachts aufwachten. Er war es auch, der uns am Wochenende zu unseren jeweiligen Freizeitaktivitäten brachte; ihn störten weder lästige Aufgaben noch üble Gerüche, weder Hitze noch Kälte.

Mein Vater war da. In Großaufnahme. Meine Mutter war eher im Vertigo-Zoom zu sehen. Ein Bild, das sich jedes Mal zu entfernen schien, wenn man sich ihm näherte. Ihre Abwesenheit machte meinen Vater unentbehrlich. Ihre Schwäche machte ihn hart. Ihr mangelndes Gleichgewicht hielt ihn aufrecht.

Und daher war zwar die Küche nicht perfekt, reichte der Kies der Auffahrt nicht bis zum Hauseingang, war seine Firma völlig bankrott, aber er war voll und ganz für uns da. Ein Vater und seine drei Kinder.

Vor einiger Zeit hat sich Melvil zum ersten Mal übergeben. Kein Zuviel aus dem Fläschchen, nein, echtes Erbrochenes. Rote Bete, Hörnchennudeln, Würstchen und eine Banane. Diesen Augenblick hatte ich schon ungeduldig erwartet.

Auf seinen traurig-betretenen Blick antwortete ich: Das macht gar nichts, ich wische alles weg. Und mit dem Stolz eines Mannes, der sich endlich für den Kampf rüstet, holte ich einen mit warmem Wasser getränkten Schwamm und eine Küchenrolle.

Danach empfand ich keinerlei Ekel, keinerlei Peinlichkeit, keinen Zweifel. Ich säuberte alles, brachte den Teppich aus dem Zimmer, zog Melvil um, küsste ihn und fühlte mich dabei stark.

Ich habe diesen in seiner Rolle aufgehenden Vater lange zärtlich verehrt. Ich bewunderte ihn und wollte ihm gleichen. Ich fand ihn schön mit seinem feinen schwarzen Haar, dem klar gezeichneten Gesicht, diesem Schatten, der auf seine Augen fiel, wenn er die Brauen runzelte, mit seinen ausgehöhlten Wangen und dem entschlossenen Kinn. Er hatte ein Seemannsgesicht.

Ich erinnere mich auch an seine breiten Schultern, die großen Hände und an die Finger, an denen er kaute. Seine Daumennägel waren verformt und gelblich. Sein Zeige- und sein Mittelfinger waren bräunlich verfärbt von den Zigaretten, die er ohne Unterlass rauchte. Er presste sie direkt am Filter zusammen und rauchte sie immer nur halb. Kaum hatte er sie ausgedrückt, zündete er die nächste an.

Auf allen seinen Jugendfotos war er mit einer Filterzigarette im Mundwinkel zu sehen. Er trug enge Jeans und Poloshirts. Er war in Bewegung. Er lächelte.

Als ich zu rauchen anfing, klaute ich seine Kippen aus den Aschenbechern. Ich rauchte seine Reste, Reste von Dunhill International.

Ich habe nur wenige Gerüche aus meiner Kindheit behalten, außer dem Zigarettengeruch. Ich ertrug ihn nicht; lange Zeit redete ich mir ein, ich hätte selbst mit dem Rauchen angefangen, um diesen Geruch nicht mehr so stark wahrzunehmen.

Doch ein einziger Ort verwandelte ihn. Dort nahm er einen anderen Charakter an. Er störte nicht mehr. Er wurde im Gegenteil zum Geruch der Freiheit, zum Geruch der Zeit, die wir der Langeweile und der Banalität des Alltags stahlen. Eine Welt, die sich am Samstagmorgen öffnete. Meine Schwester, mein Vater und ich sind auf dem Weg zur Schule.

Wir halten an der Bar, um ein Päckchen Zigaretten zu kaufen. Der Mosaikfliesenboden in Grün und Grau flüstert, als wir darüber gehen.

Union heißt die Erotikzeitschrift jener Jahre. Ihre Titelseite versteckt sich nicht sonderlich zwischen den anderen Zeitschriften in den Auslagen. In den Versandhauskatalogen werden Vibratoren als Stimulatoren für die Gesichtshaut angeboten.

Es ist unmittelbar vor der großen Zeit des Plastiks. Pamela Anderson war zugleich Höhepunkt und Fall dieser Welle. Eine Schönheit mit tiefem Ausschnitt als Masturbationsvorlage.

Auf dem Tresen stehen auch Croissants, aber ich nehme immer die Brote. Dieser Geschmack der dick aufgestrichenen Butter. Mein Vater raucht.

Der Geruch seiner Zigarette verbindet sich wunderbar mit dem Duft des heißen Kakaos, den meine Schwester trinkt.

Melvil und ich gehen oft in ein Bistro, in dem man sich bemüht, das wiedererstehen zu lassen, was ich aus der Bar von damals kenne. Ich mache mir ein Spiel daraus, es meinem Vater nachzutun. Ich trinke Kaffee und rauche Zigaretten.

Vor dem Haus sehe ich mich wieder rennen, um das Gartentor zu öffnen, damit mein Vater den Wagen herausholen und uns in die Schule fahren kann. Wir müssen den Hund festhalten, damit er nicht wegläuft.

Sich an den Wagen erinnern – jeder Gegenstand zieht Erinnerungen hinter sich her wie ein Schal, den man aufribbelt.

Unser Wagen war wie kein anderer. Oder vielmehr doch, er war wie alle anderen: ein Peugeot 505, ein großer Quader aus Stahl mit gelben Scheinwerfern und quietschenden Türen.

Es war seine Farbe, die ihn von allen anderen abhob: Kupfer oder eine Art müdes Orange, dem die Jahre seit der Anschaffung den Rest gegeben hatten. Ein paar metallic leuchtende Stellen erinnerten an den einstigen Glanz.

Eines Tages war mein Vater damit nach Hause gekommen, man sah ihm an, wie stolz er war. Es war eine Limousine, das größte Modell von Peugeot. Er hatte es zum Sonderpreis bekommen. Niemand hatte diese Farbe haben wollen, noch dazu hatte der saure Regen im Winter 1989 an der Karosserie dieses Fahrzeugs genagt. Es hatte zu lange auf einem der großen Parkplätze in der Pariser Banlieue gestanden, wo die Neuwagen in einer Art Ährenformation abgestellt werden wie auf einem Kornfeld aus Blech.

Der Rost passte eher gut zur ursprünglichen Farbe, was dem Ganzen die Aura eines traurigen Blechhaufens verlieh. Ich glaube, im Viertel hatte niemand bemerkt, dass wir das Flaggschiff von Peugeot besaßen. Aber alle hatten gesehen, dass wir einen orangefarbenen Wagen mit Rostflecken hatten.

Als wollte er klarstellen, dass diese Kaufentscheidung keine Notlösung gewesen war, hat mein Vater übrigens sein ganzes Leben lang Autos in unmöglichen Farben gekauft, das darauf folgende prangte im Grün einer verdorbenen Olive, ein anderes war pflaumenblau, das letzte verblichen bordeauxrot. Das war seine einzige Marotte.

Meine Mutter fuhr diesen Wagen nicht. Er hatte keine Servolenkung, man brauchte die Arme eines Lastwagenfahrers, um ihn zu rangieren.

Sie hat es einmal doch tun wollen, und der traurige Blechhaufen landete auf dem Schrottplatz.

Ich glaube, an jenem Nachmittag sind meine Schwester und ich zu Hause und spielen. Vielleicht ist es ein Mittwoch, oder wir haben gerade Ferien. Mein Vater ist im Büro, meine Mutter im Bett.

Plötzlich steht sie auf, und wir hören sie zum Wagen taumeln. Mein Vater hat sich ihren ausgeborgt – seiner hatte für den Weg zur Arbeit nicht mehr genug Benzin im Tank. Wir hören die quietschenden Türen schlagen. Ohne ein Wort lässt sie meine Schwester und mich mit dem Gefühl allein, dass mit dem Schlimmsten zu rechnen ist.

Ich erinnere mich daran, als wäre sie für immer dort hinter diesen hohen Mauern eingeschlossen geblieben, diese Erwartung meiner Kindheit, eine Erwartung, die eine von Furcht gesättigte Luft atmete und die Sprache der Vorspiegelungen sprach.

Diese Angst lähmte mich. Ich war wie außerhalb meiner selbst. Ich sah von oben auf den herab, der so tat, als gäbe es das nicht, ich war gespalten.

Ich dachte, diese Angst würde mich nie verlassen, man könne gar nicht ohne sie leben. Dann wurde ich erwachsen, und das Gefühl ist erst vor kurzem zurückgekommen. Als Hélène starb, habe ich alles getan, damit Melvil das nie erlebt.

Einige Stunden, vielleicht auch nur einige Minuten danach holte unsere Großmutter uns ab. Meine Mutter hatte einen Unfall gehabt. Es war gleich in der Nähe passiert, am Ende unserer Straße. Die Kurve war zu eng, und sie hatte das Lenkrad nicht schnell genug drehen können.

Sie war gegen einen Baum gefahren, den ersten am Rand des gegenüberliegenden Bürgersteigs, gerade mal hundert Meter von unserem Haus entfernt. Sie war nicht angeschnallt gewesen und hatte sich an der Stirn verletzt. Die Narbe hat sie für den Rest ihres Leben behalten.

Meine Mutter hatte das Gesicht ihrer Zeit. Wenn es ihr gutging, dann war es das von Marlène Jobert auf einem Foto in *Paris Match*. Sie wurde zu diesem Chanson von Julien Clerc, *Souffrir par toi n'est pas souffrir*.

Diese diskrete Schönheit, diese vage Traurigkeit, dieser Atem, der einen trotz allem trägt, der Eindruck von etwas, was zu schnell vergeht.

Diese Zeit war jetzt vorbei. Mit diesem Krakel auf ihrer Stirn. Wie ein Stück Erde, um die beiden Pole meiner – bipolaren – Mutter miteinander zu verbinden.

Diese beiden Kontinente mit der sehr unterschiedlichen Geographie, zwei getrennte geologische Einheiten, deren Reibungen aneinander unseren kleinen Planeten erbeben ließen.

Wenn es ihr nicht gutging, verwandelte sich meine Mutter in das Lied von William Sheller, *Maman est folle*. Daran lässt sich nichts ändern. Es gibt da diesen Text, der auf einem lastet, die Vorstellung von einem vergangenen Glück, die Melancholie, die man hinter Worten versteckt, die Melodie, an die man sich klammert, um den Rest nicht zu hören.

Ich sehe den Baum an. Es geht ihm gut, die Spur des Aufpralls ist heute nicht mehr zu sehen, und meine Mutter ist inzwischen gestorben.

Aber an jenem Tag damals, nach dem Unfall, da begriffen wir, dass alles übel ausgehen würde.

Melvil greift nach meiner Hand. Er will Papa nach Hause bringen.

7   Juli 2018

Ich gehe auf sein Bett zu. Er ist schon wach. Ich frage ihn, ob er gut geschlafen hat. Er sagt nein. Er ist noch ganz verschwitzt, noch anderswo, er sieht mich an wie einen Fremden.

Hast du schlecht geträumt? »Nein.« Wollen wir aufstehen? »Nein.« Und mit dieser Antwort fällt er mir in die Arme und vergräbt seine Nase an meinem Hals. Sein Kopf ist noch feucht, er riecht nach Nacht. Und nach Knoblauch. Das liegt wahrscheinlich am Kräuterfrischkäse, den er gestern broteweise verschlungen hat.

Ich liebe seinen Morgengeruch. Es ist ein Geruch in der Gegenwart. Es riecht nach dem anbrechenden Tag. Nach etwas, was bei null beginnt. Es ist ein süßer, warmer, knoblauchdurchzogener Geruch. Jeden Tag rieche ich an ihm, ich beschnüffele ihn sogar, überall und gewissenhaft. Als wollte ich riechen, dass auch ich das Recht auf einen Tag habe, der nicht nur das Gestern oder Morgen eines anderen Tages ist. Ich selbst rieche morgens nach Zweifel, Schlafmangel und Zigaretten.

Gehen wir auf den Topf? »Nein.« Mit jedem weiteren Nein wird mir klarer, dass dies ein Tag ist, an dem er mir nichts schenken wird. Manchmal sind Kinder so. Eltern auch. An manchen Tagen schimpfe ich mit ihm ohne echten Grund, nur um irgendetwas loszuwerden, bloß weil ich eine Konfrontation brauche. Ihn gegen mich spüren und ihn dann an mich drücken.

Wie soll man etwas lieben, wenn man es nicht mindestens einen Tag gehasst hätte? Ich sage mir, dass er es genauso macht.

Schokocroissant? Marmeladenbrot? Ein Glas Wasser? Spaziergang? Modellautos? Malen? »Nein«, »Nein«, »Nein«, »Nein«, »Nein« und nochmals »Nein«. Er testet mich aus. Er will, dass ich es nicht mehr aushalte. Ich bewahre die Ruhe.

Der Vormittag schreitet voran, er begleitet seine »Neins« mit Gesten. Stampft mit dem Fuß auf. Wirft sein Auto weg. Ich sage auch »Nein« zu ihm. Darauf hat er nur gewartet. Er macht weiter. Das ist kein Spiel. Es ist etwas anderes. Etwas Gewaltsameres.

Nach dem Mittagessen – er sagt auch zu den Hörnchennudeln mit Butter, die er unzerkaut herunterschlingt, nein – ist es Zeit für den Mittagsschlaf. Ich bin bereits müde. Ich sage mir, dass ihm die Ruhe guttun wird. Dass er danach aus dem Bett zu mir kommen wird, wie er es an einem Morgen täte. An einem Morgen, an dem er Lust hätte, ja zu sagen.

Aber er ist aufgewühlt, kann nicht schlafen. Seit wir hier angekommen sind, hat er keinen Mittagsschlaf mehr gemacht. Heute ist unser fünfter Ferientag.

Der fünfte Tag ist nutzlos. Das ist keine Feststellung oder Theorie, das ist ein Naturgesetz. Bei einem zehntägigen Familienurlaub an einem beliebigen Ferienort möchte man an diesem Tag am liebsten zu Hause sein. Das ist einfach so.

Am ersten Tag kommt man an, man entdeckt die Umgebung, ist beschäftigt. Dann kommt die Zeit des Eingewöhnens, es gibt das Neue, man trinkt Kaffee und isst Schokocroissants. Nach dem fünften Tag kann man sich damit beruhigen, dass man die Hälfte schon hinter sich hat. Dass es nur noch vier Tage bis zur Heimreise sind.

Melvil ruft immer noch vom ersten Stock herunter. Ich glaube, er wird nicht schlafen. Um zwei Uhr sage ich mir, dass wir besser rausgehen sollten. Der Strand ist gleich ein Stück weiter unten.

Die Bucht liegt herrlich unter einem weißen Himmel da. Der Wind bricht sich an den Klippen von Saint-Valery-sur-Somme. Im Garten oben bekommt man nur einzelne Böen ab.

Hélènes Schwester und Mutter sind bei uns. Alle haben Lust, zum Strand hinunterzugehen. Die Kinder glauben, sie hätten Seehunde entdeckt, die sie aus größerer Nähe sehen möchten.

Ich gehe hoch, um ihn zu holen.

Möchtest du einen Spaziergang machen? »Nein.«

Wir kommen an der großen Treppe an, die zum Strand hinunterführt. Der Wind bläst kräftig, wir haben Jacken angezogen. Es geht steil nach unten.

Schon auf der ersten Stufe spüre ich in meinem Rücken diese Kraft, die mich nach vorn treibt. Ich habe Lust, die Stufen im Laufschritt zu nehmen. Mich von der Geschwindigkeit berauschen und von der Leichtigkeit tragen zu lassen.

Melvil hält meine Hand.

Rennen?

»Rennen!«

Das erste Lächeln des Tages.

Ich höre ihn in ein Kleinkindlachen ausbrechen, ein Lachen, das wie ein Schluckauf aus der Kehle kommt. Er hält meine Hand sehr fest, und doch spüre ich sein Gewicht nicht. Er hat keinen Körper mehr. Er ist nicht mehr zu klein, zu ängstlich oder zu empfindlich. Er ist nur noch Geschwindigkeit.

Abrupt enden wir unten an der langen Treppe. Von hier aus gesehen wirkt sie riesig. Sie gleicht einer Gebirgsstraße mit Haarnadelkurven. Man ist darauf gefasst, gleich Radfahrer der Tour de France um die Ecke biegen zu sehen.

Melvil will sofort wieder die Treppe hochsteigen, um noch einmal runterzurennen. Das kommt natürlich nicht in Frage. Ich sage »natürlich« und merke jetzt, beim Aufschreiben, wie sinnlos solche Sätze sind.

Wieso »natürlich«? Weil ein Spaziergang von einem Punkt A zu einem Punkt B und dann wieder zurück zu Punkt A zu führen hat? Weil es keinen Sinn hätte, eine Treppe so oft hochzusteigen und wieder herunterzurennen, bis man keine Lust mehr hätte?

Ich habe genauso wenig Lust wie er, am Strand spazieren zu gehen. Ich habe genauso viel Lust wie er, die Treppe hochzusteigen, um noch einmal herunterzurennen. Aber wir müssen mit den anderen mit.

Weil man auf uns warten wird? Weil wir hier sind, um spazieren zu gehen? Weil man den Strand auch genießen muss? Ich habe keine Ahnung, aber ich werde strenger. Er gibt nach.

Ich habe Eimer, Schaufel und Harke mitgebracht.
»Nein.«
Der Ball.
»Nein.«
Na, dann beschäftige dich selbst.

Ich gehe weg, um Strandtennis zu spielen. Wir hören bald auf, weil es zu windig ist. Ich sehe ihn in einiger Entfernung herumzappeln, seine Großmutter versucht ihn zu beruhigen. Ich gehe näher heran. Werde laut. Noch lauter.

Sein Gesicht läuft rot an. Er beginnt zu weinen. Er rennt Richtung Meer. Ich halte ihn zurück. Er windet sich los. Stampft mit dem Fuß auf. Der Wind bläst stärker. Er gibt keine Ruhe, reißt alle Geräusche mit sich fort.

Ich bin stumm. Er ist taub.

Ich reiße ihn brutal in die Arme. Ich spüre immer stärkere Wut in mir aufsteigen. Ich höre sie in mir pulsieren. Sie schreit mir die Worte entgegen, die ich ihm noch lauter zurufe, um sie zum Schweigen zu bringen.

Er weint.

Die Strandtreppe hinauf nehme ich immer zwei Stufen auf einmal. Es scheint mir furchtbar lange zu dauern.

Die Wut brüllt immer noch auf mich ein. Das darfst du nicht tun. Du bist ein böser Junge. Ich höre nur das. Ich bin außer Atem.

Noch immer bricht sich der Wind an den Klippen. Erreicht uns dort oben nur in einzelnen Böen. Ich glaube, er hört sie auch. Zumindest als Echo.

Er bekommt langsam Angst. Ich habe auch Angst.

Im Haus bringe ich ihn sofort in sein Zimmer. Stelle ihn mit beiden Füßen aufs Parkett.

»Hier bleibst du und rufst mich erst, wenn du dich beruhigt hast.«

Ich schlage die Tür hinter mir zu. Setze mich davor, mit dem Rücken gegen sie gelehnt. Die Wut schweigt. Oder nein, die Wut schweigt nicht, ich höre sie noch, aber gedämpft. Sie ist bei ihm geblieben, auf der anderen Seite.

Wie kann ich ein Kind mit einem derartigen Ungeheuer einschließen?

Der Eindruck, dass diese Wut nicht meine Wut ist, sie loszuwerden versuchen, mich fragen, woher sie kommt. Und meinen Vater wiedersehen, hinter seinen Rollläden.

Seine Wut spüren, als hätte er sie mir an jenem Tag übergeben, sie wie einen Fluch empfinden.

Es ist einige Tage nach dem Unfall meiner Mutter. Wir fahren in ihrem Wagen. Er hält vor einem Backsteinhaus. Sie sitzt auf dem Bett. Ihre Tasche ist schon gepackt. Wir fallen ihr alle drei um den Hals. Sie hat nicht die Kraft, uns hochzuheben. Mein Vater hilft ihr in ihren Mantel.

Von dieser Rückkehr ist mir die Erinnerung eines Lebens geblieben, das kippt. Wir verwöhnten sie. Wir brachten ihr das Frühstück ans Bett. Doch das reichte nicht. Sie wollte fort, ihn verlassen. Alles hinter sich lassen.

Also musste alles aufgelöst werden. Alles Verkäufliche musste verkauft, alles in zwei Teile geschnitten werden wie eine Aprikose, deren Kern man wegwirft. Dieses Haus, in dessen Stein die Geschichte unserer Familie geschrieben werden sollte, wurde zu ihrem Grab.

Ich wollte bei den Besichtigungen durch die Makler, die mit der Liquidation unseres Bankrotts beauftragt waren, unbedingt dabei sein. Den ersten empfingen wir beide, meine Mutter und ich. Die Besichtigung wurde im Laufschritt absolviert. Ich folgte ihnen in jeden Raum. Am liebsten hätte ich auf jedes Detail hingewiesen, von jeder Verbesserung erzählt und gesagt, wie liebenswert dieses Haus war und dass es den Wert einer Sache hatte, die geliebt worden war.

Ich habe nichts gesagt. Der Mann fragte nur nach Größe und Anzahl der Zimmer, nach ihrer Himmelsrichtung und ihrer Anordnung – als liefe alles bloß auf die Anzahl von Quadratmetern und Badezimmern hinaus.

Wir gingen wieder ins Wohnzimmer. Er setzte sich an den Tisch. Legte sein Aktenköfferchen aus schwarzem Leder auf die Tischdecke mit dem Oleandermuster. Er holte einen Füller mit vergoldeter Feder, einen Tischrechner und ein Blatt Papier heraus, auf das er Zahlen kritzelte und addierte. Er setzte eine besorgte Miene auf, murmelte Zahlenreihen vor sich hin, tippte auf seiner Rechenmaschine herum und schien dann schließlich sehr zufrieden mit dem Ergebnis, das dabei herausgekommen war.

Er wandte sich meiner Mutter zu, die sich eine Zigarette angezündet hatte. Seit er angefangen hatte, auf dem Papier herumzukritzeln, hatte sie ihm demonstrativ den Rauch ins Gesicht geblasen. Er schluckte einen letzten Zug ihrer Verachtung und verkündete uns dann stolz den Preis unseres Lebens: 2 565 000 Francs.

Es klang wie ein Preis im Supermarkt, der ein gutes Preis-Leistungs-Verhältnis suggerierte. Mir wurde schwindelig davon. Ich dachte, meine Eltern würden nach dem Verkauf des Hauses reich sein. Dem war nicht so.

Meine Mutter sagte: »Wir müssen es deinem Vater sagen.« Ich bestand darauf, die Aufgabe zu übernehmen. Ich verkündete ihm die Summe, wie man einen Lottogewinn verkündet. Er nahm es kühl auf. Ich hatte ihm gerade seinen Preis genannt. Sein Wert als Mann, das war der Wert dieses Hauses.

Die Besichtigungen zogen sich über mehrere Wochen, dann verkauften wir schließlich. Mein Vater ging seiner Wege. Meine Mutter nahm uns mit zu ihrer Mutter.

Die Zeit teilte sich auf. Die meiner Mutter schritt mit unserer weiter voran. Die Zeit meines Vaters endete an jenem Punkt, als hätte er seine Seele in dem Haus gelassen und nur seine Wut mit sich genommen.

Im Garten meiner Großmutter väterlicherseits gab es eine Doppelschaukel. Es war eine kleine gelbe Plastikgondel mit zwei einander gegenüberliegenden Sitzen. Meine Schwester und ich setzten uns jeder auf seine Seite.

Abwechselnd gaben wir der Gondel mit unserem Gewicht Schwung, sie flog mit jeder Bewegung höher. Es gab eine Sicherheitsarretierung, damit die Schaukel keine komplette Umdrehung vollführen konnte. Eine Art Plastikstück, das immer laut klack machte, wenn man es berührte.

Bei unserem Spiel ging es darum, der Erste zu sein, der das Klack auslöste. Die Trennung meiner Eltern glich diesem Kinderspiel, bis zu dem lauten Klack, das meine Mutter als Erste ausgelöst hatte.

Ich habe nie richtig erfahren, was geschehen ist. Ich glaube, wir kamen von einem Wochenende bei meinem Vater zurück. Als wir ins Haus traten, war da dieser Geruch. Der Geruch meiner Mutter zu gewissen Zeiten. Ein Geruch, der für mich wie ein Würgegriff war und den ich inzwischen erkannte, sobald ich die Schwelle übertreten hatte – eine Mischung aus abgestandener Luft, Zigarettenrauch, Alkohol und warmem Bettzeug.

Er tränkt die Mauern und Stoffe, er dringt in die Nebenhöhlen und lässt nicht mehr locker, dann richtet er sich unten ein, im Magen, und weckt den Wunsch, sich zu übergeben, wegzulaufen. Der Geruch eines sich auflösenden Lebens.

Mein Vater hat uns aus dem Wagen geworfen und ist dann mit Vollgas weggefahren. Einige Augenblicke später kommt er zurück. Er klingelt am Tor, meine Mutter schreit mir aus ihrem Zimmer zu, ich solle nicht öffnen. Schließlich springt er über das Tor, das ich in jenem Augenblick gern mit Stacheldraht und scharfen Spitzen bewehrt gesehen hätte. Er geht auf die Eingangstür zu und klopft so heftig, dass man den Boden beben spürt.

Er geht um das Haus herum und bleibt vor dem Küchenfenster stehen. Unsere Blicke begegnen sich, aber mir ist klar, dass er mich eigentlich nicht gesehen hat. Er sieht durch mich hindurch. Ich bin durchsichtig. Nur eine weitere Stufe der Treppe zu dem, was er begehrt.

Ich hingegen will ihn noch lieben. Er ruft mich. Er spricht jetzt mit sanfterer Stimme, wie der Wolf der Brüder Grimm: Ich bin eins der sieben Geißlein. Ich solle ihm die Tür öffnen, sagt er, »Maman« habe ihn gebeten zu kommen. Meine Mutter brüllt mir immer noch zu, ich solle ihn nicht hereinlassen.

Ich bin nur noch ein Echo Sie benutzen mich, um miteinander zu sprechen. Mein Vater setzt seine Runde fort, um zu sehen, ob wir nicht doch irgendwo eine Tür oder ein Fenster offen gelassen haben. Er trommelt an das große Wohnzimmerfenster. Meine Mutter befiehlt mir daraufhin, die Rollläden zu schließen, alle Rollläden.

Mit klopfendem Herzen laufe ich in einen möglichst weit von ihm entfernten Raum und fange dort an. Es gibt so viele Fenster und so viele Rollläden; die Aufgabe scheint kein Ende zu nehmen. Wir sind fast im Dunkeln. Ich höre gedämpft, wie er meine Mutter vom Garten aus anfleht. Ihr sagt, dass er sie liebt und sie ihn braucht. Und im selben Satz, dass er sie hasst und sie ihn verraten hat.

Ich komme zum letzten Rollladen. Dem, vor dem er steht. Ich nehme die Kurbel in die Hände und sehe ihn an. Er schweigt. Er überlässt mich meiner Verantwortung. Letzten Endes stehe ich allein vor dieser Entscheidung: nicht zwischen ihm und ihr, nein. An jenem Tag habe ich die Zeit gewählt, in der ich leben wollte.

Meine Handgelenke begannen, sich zu drehen. Wie man seinen Henker um eine letzte Gnade bittet, sagte er mir ganz leise, es sei nicht meine Schuld. Dann fiel das Beil. Ich ließ den Rollladen meiner Kindheit vor dem Bild dieses verstoßenen Vaters herunter. Er würde nie ein anderes Leben haben als das, zu dem ich ihm gerade den Zutritt verwehrt hatte.

Der Raum lag nun in fast völligem Dunkel. Eine dieser Dunkelheiten, die so dunkel sind, dass man den Eindruck hat, alles zu sehen. Als wäre das Nichts unmöglich und als erstünde aus dieser Unmöglichkeit unweigerlich das Licht.

Heute stelle ich mir meinen Vater zum ersten Mal auf seiner Seite der Rollläden vor. Ich stelle mir vor, wie er sich hasste, wie er diese Wut hasste, die ihn beherrschte. Und zum ersten Mal verstehe ich seine Wut und verzeihe sie ihm.

Ich verstehe das Verlassenwerden und seine Verletzlichkeit. Jetzt erinnere ich mich daran, dass mein Vater geliebt hat. Und dass er nie ohne diese Liebe hat leben können.

Ich habe dieses Streben nach dem Absoluten geerbt. Dieses Zum-Scheitern-verurteilt-Sein. Im Grunde wiederholt sich unser Kummer. Wir haben uns auf dieselbe Weise darin eingeschlossen, denn weder er noch ich haben anders leben können.

Ich verzeihe ihm heute, um dieses Unglück aus mir auszuscheiden. Von da komme ich, von ihm, und ich habe ihn trotz allem geliebt. Ich bin der Sohn meines Vaters. Seine Geschichte, ein Teil seiner Geschichte gehört von nun an mir.

In den Monaten darauf richtete sich mein Vater in diesem Leiden ein. Er machte sich sein Nest. Es gab einiges Hin und Her. Nach der Trennung lauerte mein Vater wie ein die sterbende Liebe überkreisender Geier auf den Hilferuf meiner Mutter, den sie jedes Mal ausstieß, wenn ihr das Leben zu schwer wurde, und dann ließ er sich neben ihren Überresten nieder.

Er war da, sobald es meiner Mutter schlechtging; also häufig. Sie hatte etwas Zerbrochenes, Irreparables an sich. Ein zerbrochenes Glas, an dem man sich die Füße schneidet, weil niemand die verstreuten Splitter aufhebt.

Eine bipolare Störung hat die perverse Eigenschaft, die Hoffnung weiterleben zu lassen. Jedes Mal, wenn meine Mutter zurückkehrte, an den Stiefeln noch die dunklen Erdbrocken der Depression, die Züge gezeichnet von den Mühen der Reise, begann ein neues Leben. Sie verhielt sich, als wäre sie nie fort gewesen, nie zurückgekehrt, als hätten diese mit einer Flasche Gin im Bett verbrachten Tage nie existiert. Sie redete mit uns und mit unserem Vater, als wären unsere Leben im selben Augenblick stehen geblieben wie ihres, und sie hatte recht. Unsere Leben blieben stehen, und dann hingen sie, in Erwartung des Rückfalls, in der Luft.

Diese Zeiten des angespannten Erwartens hatten die Leichtigkeit des Ferienanfangs. Meine Mutter schminkte sich im Badezimmer. Sie zog ihre schmalen Lippen mit einem Chanel-Lippenstift nach. Und trug Tusche auf ihre Wimpern auf, die den Blick auf Augen freigaben, die smaragdgrün und durchscheinend waren wie ein Gebirgsbach an einem Frühlingsmorgen. Sie war schön. Und ihr scharlachroter Nagellack harmonierte prächtig mit ihrem Venezianisch-Blond, wenn sie sich mit den Händen die Locken zurechtschob.

Sie hatte ein sonniges Lächeln, und ihre Absätze klapperten im Rhythmus einer stets geschäftigen Frau über den Boden. Wir machten uns keinerlei Sorgen. Die Tage vergingen. Abends gab es keine Schreie mehr.

Eines Tages dann kamen wir nach Hause, und da war dieser abgestandene Geruch, und der Fernseher lief. Meine Mutter hatte uns an der Schule abgesetzt und war dann wieder nach Hause gefahren. Sie hatte den Chanel-Lippenstift und die smaragdgrünen Augen abgeschminkt. Sie hatte eine Flasche Gin geöffnet, davon hatte sie überall im Haus ein wenig versteckt. Sie hatte auch ausreichend große Vorräte an Antidepressiva angesammelt, und nun hatte sie sich hingelegt.

Heute kann ich mich noch so sehr bemühen, ich erinnere mich nicht, wie die Küsse meiner Mutter schmeckten. Ich erinnere mich nicht an ihren Geruch und ihre Wärme, ich erinnere mich nicht, wie es sich anfühlte, wenn sie uns in die Arme nahm.

Wird es für meinen Sohn genauso sein? Wenn ich an die zärtlichsten Momente meiner Kindheit denke, denke ich an meinen Schlafanzug.

An diesem Tag wird mir klar, dass Melvil diesen Großvater und diese Großmutter nie kennenlernen wird. Sie sind in ihrer Tragödie, bei der wir Kinder nur Zuschauer waren, untergegangen.

2005 ist meine Mutter in eine ihrer üblichen depressiven Phasen eingetreten. Sie nahm eine Mischung aus Alkohol und Medikamenten zu sich. Sie schlief mit brennender Zigarette ein. Ihr Bett fing Feuer.

Von den Antidepressiva, den Schlafmitteln und dem Gin war sie derart benommen, dass sie sich nicht bewegen konnte. Sie sah, dass sie bei lebendigem Leibe brannte, und konnte nichts tun.

Sie starb nicht sofort. Sie wurde ins Krankenhaus gebracht, und die Ärzte sagten uns, ihre Haut sei zu fünfundneunzig Prozent verbrannt. Nur ihr Gesicht war noch heil; alles andere war unter den Verbänden schwarz.

Wir konnten nicht mit ihr sprechen. Doch die Ärzte beteuerten uns, sie habe keine Schmerzen, und wir taten so, als glaubten wir ihnen.

Ich erinnere mich an die dumpfen Geräusche der Geräte. Bei meinen letzten Augenblicken mit ihr war sie hinter einer Glasscheibe – wie mein Vater damals hinter dem Fenster.

Eines Abends dann rief mich meine Schwester an:

Die Ärzte hätten ihr mitgeteilt, dass sie wahrscheinlich in der Nacht sterben würde.

»Willst du kommen?«

Ich ging nicht hin. Ich brachte es nicht fertig.

Ich blieb in Hélènes Armen und ersetzte den Zorn durch die Liebe.

Schon damals tat ich alles, um die Umstände zu vergessen, und versuchte, ihren Tod zu akzeptieren.

Ich erinnere mich an diesen Satz im ersten Buch: »Der Tod erwartete seine Mutter an jenem Abend, und sie waren nur Botschafter.« Ich verstehe, woher er kommt, und sage mir, dass er auch für sie gilt, für meine Mutter. Melvil und ich haben dieselbe Wunde.

Ich weiß nicht, wie viel Zeit vergangen ist. Vielleicht eine Minute, vielleicht auch zehn. Ich höre sie nicht mehr, Melvil nicht und auch nicht die Wut.

Ich öffne die Tür. Er steht noch an genau dem Platz, auf den ich ihn gestellt habe. Mit geschlossenem Mund. Und weit aufgerissenen Augen. Ich sage nichts, aber es tut mir leid.

Ich ziehe ihm die Jacke aus, die Schuhe und die Hose. Mir ziehe ich auch die Schuhe aus.

Wir legen uns ins Bett. Er nimmt mein Gesicht

und drückt es an seins. Ich möchte, dass er mir sagt, ich hätte nichts Schlimmes getan. Alles sei gut.

Er dreht sich um, schließt die Augen und schläft mit einem Seufzer ein.

Das Geister-Unwetter hat uns im Bett stranden lassen, bei geschlossenen Rollläden.

8   September 2018

Wir sind als Erste da. Als Hinweis hat mein Bruder in seiner Nachricht geschrieben: »Es ist das Krankenhaus, in dem Papa gestorben ist.« »Wenn du in der Eingangshalle ankommst, gehst du geradeaus weiter in den Flur, dann kommen links Aufzüge, damit fährst du in den dritten Stock. Da erwarten wir euch.«

Es ist Ferienende, die Luft wird leichter, die Sonne ist immer noch deutlich da, aber schon ein bisschen zurückhaltender, vor allem morgens und abends. Tagsüber versteckt man sich nicht mehr vor ihr, sondern sucht sie, sie ist nicht mehr lästig.

Auf dem Weg dorthin kamen wir an dem Haus vorbei. Es lag auf unserer Strecke, nur wenige Minuten vom Krankenhaus entfernt. Im Augustlicht sieht es viel schöner aus. Die Rollläden sind geschlossen.

Es ist unbewohnt, wirkt aber dennoch sehr lebendig. Im Garten wächst es nach Lust und Laune. Man stellt sich im Innern die Heizung vor, die brummt und auf die Heimkehr ihrer Besitzer wartet. Oder einen tropfenden Wasserhahn, um den man sich kümmern muss, wenn man zurück ist. Lächelnde Gesichter, die auf einem Nachttisch verstauben und wieder strahlen werden, sobald man sie anschaut.

Es dringt kein Laut heraus. Weder die Klagen meiner Mutter noch die Schreie meines Vaters, kein Hundegebell und auch nicht die betretenen Mienen von meiner Schwester und mir. Betretene Mienen machen ein Geräusch. Einen dunklen, wie erstickten Ton. Doch hier, nichts.

Ein paar Vögel zwitschern, in der Ferne lärmt ein Rasenmäher. Nichts deutet darauf hin, dass wir hier waren. Meine Geister haben diesen Ort für immer verlassen. Sie haben wieder ein Gesicht, eine Identität und einen Platz bei mir, bei uns.

Mein Bruder und meine Schwester leben hier immer noch. Erst dachte ich, das sei ein Zeichen von Feigheit, mangelndem Ehrgeiz oder Engstirnigkeit ihrerseits. An dem Ort, an dem man geboren ist, aufwachsen, erwachsen werden, altern und sterben schien mir das Schicksal derjenigen zu sein, die keines haben.

Ich verstand nicht, wie sie dort hatten bleiben wollen, ganz in der Nähe, wie sie es akzeptieren konnten, nicht ihre eigene Geschichte zu schreiben, anderswo, weit weg.

Manchmal haben wir uns gestritten. Sie spürten meine Aversion gegen dieses Leben, sie warfen mir vor, ich käme nur, um ihnen Lektionen zu erteilen, und sei dann, aus einer Laune heraus, gleich wieder weg; sie verübelten mir, dass ich mit einer lässigen Handbewegung wegwischte, was sie geduldig aufgeräumt, sortiert und geordnet hatten.

Ich fühlte mich lange unverstanden, bis ich akzeptierte, dass das Unverständnis auf meiner Seite war. Dass sie und er, meine Schwester und mein Bruder, dort vorangekommen waren, wo ich geflüchtet war.

Heute sehe ich die verlorene Zeit, und ich bereue keine der fern von mir selbst verbrachten Sekunden. Heute sehe ich die Zeit, die noch bleibt, und ich will dort zu ihnen stoßen, wo sie mich erwarten.

Wir kommen auf dem Parkplatz an. Nichts hat sich verändert, und dennoch ist es nicht mehr derselbe Ort. Mein erster Besuch in diesem Krankenhaus hing mit dem Tod meiner Großmutter zusammen. Der Mutter meines Vaters. Sie kam von ihrer Schwester zurück und ist einfach so umgefallen, auf einen Grasstreifen neben dem Bürgersteig, die Tasche noch in der Hand – Aneurysmaruptur. Wir Kinder wurden gefragt, ob wir ihre Leiche sehen wollten. Das hat mich anfangs überrascht. Dass man den Körper eines Toten besuchen konnte. Die einzigen Leichen, die ich je gesehen hatte, waren die in den Fernsehserien. Ich kann mich noch genau an die von Laura Palmer in *Twin Peaks* erinnern. So malte ich mir also meine Großmutter aus, nackt auf dem Rücken liegend, mit bläulicher Haut und das feuchte Haar zurückgekämmt. Ich stellte mir den Verwesungsgeruch vor.

Ich sagte, ich wolle hingehen. Meine Großmutter war weder nackt noch bläulich, und sie hatte auch kein feuchtes Haar. Im Raum war kein spezieller Geruch. Es war für diesen Augenblick, in dem ich sie tot vor mir sah, keine düstere Musik komponiert worden.

Sie lag einfach da, ihr Körper war nicht kalt, ihre Haut war noch rosig, ihre Augenringe waren ein wenig grauer als sonst, aber sie hatte sich nicht verändert. Ich blieb eine kleine Weile bei ihr. Ich dachte, dass uns nur weniges unterschied. Ein paar Gramm Sauerstoff, ein paar Liter Blut, ein paar innere Maschinen, die nicht mehr funktionierten. Dass die Grenze zwischen Leben und Tod nicht unüberwindlich war.

Ich sagte mir, dass eines Tages ich an ihrer Stelle sein würde, dass sie sich wohl zu fühlen schien, dass es nicht so schlimm sein würde.

Es ist ein modernes, um einen Altbau herumgebautes Gebäude, so dass man mit wenigen Schritten von einer Epoche in die andere gelangt; aus der aseptischen, verglasten und klimatisierten Eingangshalle in einen dunkleren Gang, mit kleinen Kacheln gefliest, deren Weiß durch ein paar dunkelbraune Farbtupfer aufgelockert wird.

Melvil greift nach meiner Hand, als wir den Aufzug betreten, der beunruhigende Geräusche von sich gibt. Er trägt Shorts und Sandalen, hat einen Ferienteint und immer etwas Lustiges auf den Lippen.

Ich sage ihm, er soll auf den Knopf für die dritte Etage drücken. Als sich die Türen öffnen, steht da mein Bruder mit einem Lächeln, das sich bis in die Augenwinkel hinein fortsetzt. Ich küsse ihn auf die Wangen und drücke ihn so fest an mich, wie ich kann, bis mir ein leises Stöhnen verrät, dass es nun reicht. Seine Schultern hängen, der Rücken ist leicht gebeugt, seine Züge sind erschöpft, und er riecht nach gestern, er ist müde, mit einem Schlag gealtert, als wäre er ganz plötzlich, im Verlauf nur einer Nacht, in eine neue Altersstufe eingetreten.

Mühsam beugt er sich vor, um Melvil zu umarmen. Der streichelt ihm den Bart – ein Erkennungszeichen zwischen den beiden – er ist also doch nicht so sehr gealtert, er hat immer noch das richtige Alter, um mein kleiner Bruder zu sein. Das richtige Alter, um der zu sein, um den man sich Sorgen machte, der Dummheiten machte. Der, den ich auf der Polizeiwache abgeholt habe, weil mein Vater sich nicht traute. Der, den ich kleingemacht habe, um mich stärker zu fühlen. Der, der mir alles verziehen hat. Der, der alles zusammenhält. Der Treffpunkt der Erdkräfte, die unsere Familie ins Wanken gebracht haben.

Jetzt steht nichts mehr zwischen uns außer reiner Wiedersehensfreude. Er führt uns durch einen Gang zu einem Aufenthaltsraum. Dort sitzt seine Frau. Sie scheint am Ende ihrer Kräfte zu sein. Ihre Züge sind müde. Ich küsse sie und sage ihr, dass ich das Geschenk vergessen habe. Ich vergesse die Geschenke immer. Ich kaufe sie sehr früh, damit mir nichts dazwischenkommen kann, und wenn es dann so weit ist, denke ich nicht mehr daran, ich übergebe sie erst einige Wochen oder Monate danach, wenn sie nichts mehr nützen.

Ich hätte an sie gedacht, flüstere ich ihr zu, ganz fest. Sie zieht eine kleine Plastikwanne auf Rollen in meine Richtung. »Mia«, verkündet sie, »ich möchte dir Onkel Antoine und deinen Cousin Melvil vorstellen.«

Mia schläft. Mia ist rot wie eine Sauerkirsche. Mia hat Wangen wie Aprikosen. Mia hat einen leicht spitz zulaufenden Kopf. Als würde in ihrem Schädel ein Harlekinhut wachsen. Mia hat einen rosigen

Mund und angewinkelte Beine. Mia wiegt zwei Kilo und achthundert Gramm.

Als mein Bruder zur Welt gekommen war, damals war ich sieben Jahre alt, sagte mir mein Vater im Krankenhaus, ich dürfe ihn auf den Arm nehmen. Ich lehnte ab. Ich sagte, ich hätte Angst, ihn kaputt zu machen. Er erschien mir so zerbrechlich. So kostbar. So schwer. Ein Baby hat das Gewicht der Verheißung, die es in sich trägt. Die Verheißung von Frieden, die eines Neuanfangs, die der Ewigkeit.

Der Einzige, bei dem ich keine Scheu hatte, ihn in die Arme zu nehmen, ist Melvil. Ich glaube nicht an den Instinkt, weder an den Vater- noch an den Mutterinstinkt, ich glaube eher, für mich war es eine Sache des Bewusstseins, des sofortigen Bewusstseins meiner Verantwortung, mir war bewusst, dass nur Hélène und ich da waren, um diesen wehrlosen Körper zu schützen, dass ich mich nicht drücken durfte.

Ich habe Angst, als sie in meinen Armen landet. Angst, ich hätte es jetzt schon verlernt. Doch meine Reflexe sind sofort wieder da. Im Ton eines Menschen, der es selbst miterlebt hat, erkundige ich mich, wie die Entbindung verlaufen ist.

Auf normalem Wege? Wie viele Stunden? Und dann leiser: Dammschnitt? Zange? Ich erkundige mich nach den ersten Stunden. Das erste Weinen?

Das Kindspech? Das erste Stillen? Einzel- oder Mehrbettzimmer?

Ich nehme alles zur Kenntnis. Nehme mir die Zeit, sie zu betrachten. Ein Leben in seiner Ganzheit.

Ich weiß noch, es war einige Tage nach der Entbindung. Wir waren wieder zu Hause, Hélène, Melvil und ich. Ich saß auf dem Sofa, er lag in meinen Armen und saugte an dem Fläschchen, das ich ihm gab. Hélène war gleich hinter uns in der Küche. Wir redeten miteinander, und dann verstummte ich. Ich fühlte etwas in mir aufsteigen, ich wusste weder, was es war, noch, warum es gerade in diesem Augenblick hochkam.

Ich fing an zu weinen. Ich konnte nicht mehr damit aufhören. Ich dachte an meine Mutter, an meinen Vater, an Melvil, der da war, und auch an Hélène. Er hörte sofort auf. Er hörte auf, er ließ mir Zeit, bis ich fertig war, und setzte sein Mittagessen dann erst fort.

Er hat mir einfach die Zeit zum Weinen gegeben. Ehrlich gesagt, hat er mir alle Zeit zum Weinen gegeben. Bis ich keine Tränen mehr hatte. Bis ich leer war. Er hat mir die Zeit zu weinen gegeben, und ich habe sie für anderes verwendet, zum Schreiben, zum Ausgehen, zu gemeinsamen Vergnügungen mit ihm.

Wir haben so viel zusammen gemacht. Wir haben uns gesagt: Es ist nicht schlimm. Wir haben uns gesagt: Wir schaffen es. Wir haben uns gesagt: Das Leben geht weiter.

Wir sind in den Park gegangen. Ins Aquarium. In den Zoo. Auf die Kirmes. In die Wälder meiner Kindheit. Vor unser Haus. Dorthin, wo Hélène und ich uns kennengelernt haben. Wieder zum Grab seiner Mutter. Wir haben uns Zeit zum Weinen genommen. Wir haben uns Zeit gelassen, bis wir keine Tränen mehr hatten. Bis wir leer waren. Wir haben uns wieder mit der Zeit versöhnt, mit der Erinnerung, mit unserer Geschichte. Wir sind Abenteurer, haben wir uns gesagt, und sind zum nächsten Abenteuer aufgebrochen.

Melvil bittet mich, sie wieder hinzulegen. Und sagt mit Nachdruck, Mia werde nicht mit uns kommen und bei uns wohnen. Nein, bestätige ich, füge aber einschränkend hinzu, eines Tages werde vielleicht auch er eine kleine Schwester oder einen kleinen Bruder haben.

Wir gehen mit meinem Bruder nach draußen, um irgendwo einen Kaffee zu trinken. Als wir auseinandergehen, haben wir gemeinsame Pläne geschmiedet, Ferien am Meer, abwechselndes Kinderhüten, Pläne die wir wahrscheinlich nie in die Tat umsetzen werden. Doch wir haben darüber gesprochen und es damit ein bisschen erlebt. Das reicht schon. Es ist genug.

In dem Augenblick kommt meine Schwester. Für uns hat sie keine Zeit. Sie will das Baby sehen. Mein Bruder bittet sie um Aufschub. Er wolle nur die Zigarette zu Ende rauchen, die er sich gerade angezündet hat. Wir drei stehen schweigend da. Wie wir alle drei im Wartezimmer des Krankenhauses waren und uns fragten, ob wir Maman würden sehen dürfen. Wie wir alle drei da waren und uns fragten, ob Papa aus dem Koma aufwachen würde. Wie wir alle drei am Abend des 13. November in meiner Wohnung waren und uns fragten, ob Hélène wiederkommen würde.

Lange Zeit haben wir Widerstand geleistet. Wir drei gemeinsam gegen alle Widrigkeiten. Das tun wir jetzt nicht mehr. Wir akzeptieren die Zufälle und Fügungen, die Reue und die Schwächen, das Brechen und sogar das Biegen. Wir akzeptieren unseren Namen. Wir tragen ihn.

Wir trennen uns mit einem Kuss. Auf dem Rückweg erzähle ich Melvil von seinen ersten Tagen in der Frauenklinik. Davon, wie ich ihn zum ersten Mal in einer Art Spülbecken gebadet habe. Wie schön seine Mutter war, wenn sie müde war. Ich erzähle ihm, dass sein Onkel und seine Tante uns besucht haben und wie schön sie ihn gefunden haben. Dass ich mir gewünscht hätte, dass sein Großvater und seine Großmutter ihn hätten sehen können.

Und schließlich sage ich ihm, dass wir, wenn wir gleich zu Hause wären, Fotos heraussuchen würden, damit ich ihm zeigen könnte, wie sie ausgesehen hätten. Der Vater seines Vaters und die Mutter seines Vaters.

9 Januar 2019

Sie ist elegant. Ihr Körper ist wie eine Messerklinge. Sie hat lange Streichholzbeine, die verkehrt herum geknickt zu sein scheinen. Einen schimmernden Teint. Einen leicht gerundeten Bauch.
 Bäuche habe ich immer geliebt. Sie sind ein Resonanzraum. Ich liebe es, mein Ohr daran zu legen, um die Wärme zu hören, und meinen Mund, um das im Innern gurgelnde Leben zu schmecken.

Nur wenige Monate liegen zwischen unserem Kennenlernen und unserem Entschluss zusammenzuleben. Alles geht sehr schnell. Sie ist schön. Wunderschön. Sie hat diese Intelligenz, die uns gegeneinander aufstehen lässt, die uns erhebt, bereichert und erschöpft zurücklässt. Und dann diese Sanftheit, dieses Wissen, wie man die Hand auflegt, diese Kunst, sich an meine Schulter zu schmiegen, dieses Bedürfnis, beruhigt zu werden.

Dieser Morgen ist das Ende des Sommers. Wir holen sie am Flughafen ab. Melvil freut sich, sie wiederzusehen. Sein Lächeln und meine Worte zeigen ihr, dass unser Zuhause darauf wartet, sie zu empfangen.

Im Wagen erzählen wir uns gegenseitig von unseren Ferien. Eine Möglichkeit, die Furcht vor dem Augenblick zu vergessen, in dem die Eingangstür durchschritten werden muss. Vor dem Augenblick, in dem das »Wir« dem »Ich« eine Nebenrolle zuweist, abseits der Haupthandlung, im Hintergrund.

Dieses Territorium, das ich so gewissenhaft befriedet habe, muss mit dem Eindringen einer Fremden zurechtkommen. Das »Wir« bedeutet nicht mehr wir beide – Melvil und ich zusammen, eine Art Doppel-Ich. Ab jetzt wird es ein »Wir« zu dritt sein. Ein uneinheitliches Kollektiv, das unsere Geographie sprengt, jedem sein »Ich« zurückgibt und uns dazu zwingt, diese Ichs miteinander auskommen zu lassen.

Fürchten, dass es nicht funktioniert. Es als Invasion und Befreiung zugleich empfinden. Sich sagen, dass es hart wird, schwierig und sicher schrecklich anstrengend, aber dass man es schaffen wird.

Manchmal widersprüchliche Gefühle sehr rasch in sich aufsteigen fühlen. Und sich schließlich mit einer einzigen Wahrheit abfinden: In dem Augenblick, in dem sie durch die Tür kommt, fühle ich mich gut. Zugleich wird mir das Eingeschlossensein sichtbar, aus dem Melvil und ich nicht mehr entrinnen konnten. Ich atme. Ich lebe wieder. Diese Frau wird es uns ermöglichen, über uns selbst hinauszusehen, uns einen Platz in der Welt zu schaffen.

Das Lieben, danach. Das Begehren nach dem Tod ist wahrscheinlich am schwierigsten zu beschreiben, am schwersten zuzugeben. Man muss seine Schwächen akzeptieren, akzeptieren, dass das Kind in einem, das den entsetzlichsten Verlust erlebt hat, wieder seinen Platz einnimmt, sich eine Zeitlang windet und dann beruhigt.

Ich habe sehr bald wieder eine Nähe gebraucht. Ich fühlte das Bedürfnis nach dieser Liebe, die mir so vertraut geworden war. Ich wusste nicht, wie ich ohne sie leben sollte. Wie mein Vater konnte ich mir nicht vorstellen, nicht mehr zu lieben. Also habe ich geliebt.

Zuerst rief ich Frauen an, die ich schon kannte, meine Gefühle waren eher zerstreut. Ich war so müde, ich musste an so vieles denken. Im Nachhinein glaube ich, sie sahen meine Not und wollten mich trösten.

Es hatte mehrere vor ihr gegeben. Die so ganz anders war als die anderen. Sie, die nicht so auf das fixiert war, was ich war. Ich wollte sofort, dass sie in meiner Nähe war, dass wir uns trafen, dass wir verschmolzen.

Bei ihr sagte ich nicht mehr: »Ich will nicht allein sein, ich brauche jemanden.« Ich dachte eher: »Ich werde sie lieben.« »Ich werde ihre Verletzungen und ihre Widersprüche lieben. Ich werde ihre Intelligenz bewundern. Ich werde ihre Gegenwart genießen.«

In der Wohnung stören ihre ersten Bewegungen unsere Ruhe. Sie sind abgehackt, unorganisiert. Ihr Gang ist ungeschickt, in der Art, die ich mag und die Unsicherheit verrät. Sie stößt gegen alles, wirft alles um, ohne aufzupassen, ohne auszuweichen. Und sagt mir damit ins Gesicht, dass ich immer noch lebendig bin, dass das Leben nicht hinter mir liegt.

Ich erlebe Monate intensiven Glücks, schwierigen, aber intensiven Glücks. Und dann steigt etwas in mir auf. Ablehnung, ein dumpfer Groll gegen sie. Ich brauche Zeit, um ihn zu sehen, zu erkennen, und doch drängt er sich immer dann auf, wenn ich zu ihr sagen könnte: »Du gehörst nicht zu diesem Leben.«

Am Wochenende. Ich habe mir tags zuvor das Programm überlegt: morgens Aquarium, dann Mittagessen auswärts, irgendwo auf einer Terrasse, und schließlich Einkäufe fürs Abendessen. Am Tag selbst biete ich ihr an, sie könne bei diesem Programm mitmachen, als wäre es eine Gunst, die ich ihr gewährte. Dass sie bei uns sein könnte. Als wäre das schon viel.

Ich sehe, wie sich auf ihrem Gesicht langsam Enttäuschung abzeichnet. Dabei ist sie daran gewöhnt. Sie schlägt mir vor, nachmittags die ägyptische Sammlung im Louvre anzuschauen. Im Grunde: mein Programm auf sie abzustimmen. Ich weiß, dass sie sich leidenschaftlich für das Ägypten der Pharaonen interessiert. Sie erzählt mir von der Radiosendung, die sie einige Tage zuvor gehört hat.

Noch bevor sie damit begonnen hat, wirke ich schon ermüdet. Melvil nutzt die Gelegenheit und drängt sich in einem Moment des Schweigens in das Gespräch. Ich höre beiden gleichzeitig zu. Ich bewahre das Gleichgewicht. Ich widme ihr die Hälfte meiner Aufmerksamkeit, den Rest.

Schließlich lehne ich ihren Vorschlag mit dem Louvre ab; wir hätten nicht genug Zeit, sie hätte es mir früher sagen sollen. Meine Unaufrichtigkeit hat die Oberhand, vielleicht beschützt sie mich auch vor einer unangenehmen Einsicht. Sie geht und schlägt die Tür hinter sich zu. Verlegen lächelnd frage ich Melvil: »Wollen wir los?« Und denke dabei: »Sie nimmt zu viel Raum ein.«

Bevor sie einzog, habe ich Sachen aus den Schubladen geräumt, Kram, der woanders hinkonnte, unbedeutende Kleinigkeiten. Als mir klarwurde, dass dies nicht reichte, habe ich noch mehr Platz geschaffen.

Ich brütete vor mich hin, verstand aber nicht, dass nichts je reichen würde. In den Wochen und Monaten darauf gab es weitere Szenen, sie waren gewaltlos, machten aber alle dasselbe deutlich. Als Gegenüber hatte sie nicht einen Menschen, sondern zwei. Nicht einen Mann mit einem Kind, eher ein untrennbares Ganzes.

Melvil und ich bildeten einen Planeten und erlaubten ihr, uns zu umkreisen, als wäre sie ein Satellit. In dieser unbehaglichen Lage ließen wir sie, bis ich Zorn gegenüber diesem Fremdkörper empfand. Ich wurde grausam. Ließ sie für etwas zahlen, das ich noch nicht zu identifizieren vermochte, indem ich ihr zeigte, dass ich feige, böse und unehrlich sein konnte.

Eines Abends kündigte sie an, sie werde gehen. Ich täuschte Gleichgültigkeit vor und empfand Erleichterung. In den Wochen darauf fuhr ich mehrmals bei ihr vorbei, um Sachen abzuholen. Die Sachen waren mir egal, ich war nur einfach unfähig, mich einer neuen Trauer zu stellen, wie symbolisch sie auch sein mochte.

Selbst als es keine Sachen mehr abzuholen gab, fuhr ich noch bei ihr vorbei. Ich sagte ihr, ich hätte verstanden und wolle mich ändern. Schließlich flehte ich sie an zurückzukommen. Als sie es endlich tat, war ich aus tiefster Seele glücklich. Ich rief alle Menschen an, die mir nahe waren, und sagte ihnen, ich wolle noch weitere Kinder haben.

Wir liebten uns. Und dann verletzte ich sie wieder. Grundlos. Ich war wie diese Jungs, die den Insekten Beine abschneiden, um zu sehen, ob sie dann noch laufen können. Ich war so voller Zorn.

Wenn eine Liebe entsteht und wenn sie stirbt, gibt es einen seltsamen Augenblick der Verwirrung. Etwas schwer zu Beschreibendes. Eine Art Dazwischen. Ein Fegefeuer. Eine Zeit der Anpassung, in der der Körper, noch unsicher über das, was er annimmt oder abstößt, den Geist in einer Warteposition lässt.

Was im Augenblick zuvor noch unmöglich schien, wird mit einem Mal realisierbar, weil dieser Augenblick der Unsicherheit geteilt wird, weil alle beide nicht wissen, alle beide darauf warten, dass der Augenblick für uns entscheidet.

Der Augenblick hat entschieden. Oder vielleicht war es auch der unbezwingbare Zorn in mir. Sie hat mich mit Melvil alleingelassen. Wieder muss ich meinen Sohn vor dem Verlust schützen.

In jener Woche erreicht mich, wie den Ertrinkenden der Rettungsring, eine Nachricht von Michel. Er lädt uns ein, für einige Tage mit ihm in die Bretagne zu fahren. In die Gegend seiner Kindheit und Jugend.

Das Wetter ist schön. Wir bekommen Farbe, sogar bei bewölktem Himmel. Es bläst heftiger Wind. Ein Wind, der einen eher trägt als wegstößt. Eine große, blonde und wortgewandte Frau empfängt uns in dem Haus, in dem wir wohnen sollen. Eine Freundin von Michel. Eine verlässliche Freundin: Sie war es, die ihm sagte, es sei sein Recht. Sein Recht, Discjockey zu werden, sein Recht, Männer zu lieben, und auch sein Recht wegzugehen.

Es ist ein großes Haus, das sie immer noch nicht zu Ende renoviert hat – das sie wahrscheinlich nie zu Ende renovieren wird. Sie bringt uns im Erdgeschoss in einem kleinen Apartment unter. Wenn man sich auf die Zehenspitzen stellt, kann man das Meer sehen. Von meinen Schultern aus kann Melvil es noch besser sehen.

Eines Tages landen wir am Ende der Welt – in der Bretagne gibt es an jeder Ausfahrt der Landstraße Enden der Welt. Wir halten an einem Strand, um Burgen zu bauen. Melvil läuft vor uns einen steinigen Weg hoch. Wir kommen oben auf einer großen Mole heraus. Eine besorgt blickende ältere Dame scheint uns mit verschränkten Händen in ihrem Garten zu erwarten.

Michel erkennt in ihr sofort Monique. Es war ihre Disco, in der er seine schönsten Sommer erlebte. Mit sechzehn Jahren, mit den Jungs, den Gin Tonics und mit *I Wanna Dance with Somebody* von Whitney Houston. Sie lädt uns in ihr Holzhaus ein, das einem gestrandeten Schiff gleicht.

Überall sind Kartons, Bücher und andere Sachen verstreut, aber alles ist noch da. Die Tanzfläche ist noch heil, ebenso wie die Beleuchtung und die Verstärker, die Bar und die Holzfässchen, auf die man sich zum Trinken setzte. Michel zeigt auf den Platz, an dem er seiner Arbeit nachging. Ein rechteckiger kleiner Kasten, in dem der Herrscher über den Abend thronte.

Melvil sagt kein Wort. Er hört fasziniert zu. Während der ganzen Zeit in der Bretagne hat er an nichts herumkritisiert. Nicht an dem langen Warten im Restaurant auf die Schinken-Käse-Crêpes, die er sowieso nicht besonders mag. Nicht an den langen Autofahrten. Nicht an den langen Strandspaziergängen.

Es gibt in meiner Familie eine Anekdote über mich: Ich war ein zurückhaltender kleiner Junge. Ich redete nicht. Ich hörte den Erwachsenen zu. Eines Tages hätte man mich fast in einem Restaurant unter dem Tisch vergessen, weil ich so still war. Doch von dem Tag an, an dem ich zu sprechen anfing, hörte ich nicht mehr damit auf, ich habe daraus sogar meinen Beruf gemacht. Melvil ist dieser kleine Junge, der weiß, wann er Kind sein darf und wann er den Erwachsenen folgen muss.

Am letzten Morgen hat Michel zu arbeiten. Da Melvil und ich diesen Vormittag für uns haben, nehmen wir uns Zeit beim Aufwachen und Anziehen und gehen dann ein Schokocroissant kaufen. Melvil möchte es am Strand essen, unterhalb des Hauses. Er hat seinen Eimer und die Schaufel mitgenommen, um Sandburgen zu bauen. Wir gehen barfuß in das eisige Wasser, buddeln Löcher und vergraben darin die schlimmen Erinnerungen.

Sonne und Wolken teilen sich den Himmel und hüllen uns in ein gedämpftes Licht. Es ist Frühling, Melvil trägt einen Pulli mit einem Feuerwehrauto darauf. Es ist weder zu warm noch zu kalt, die Luft ist ruhig und das Meer sanft gekräuselt. Hin und wieder stakst vor unseren Augen in Zeitlupe eine Frau oder ein Mann im Taucheranzug vorüber, bis zur Taille im Wasser. Er fragt mich, wer diese erstaunlichen Leute sind. Ich antworte ihm, sie würden wahrscheinlich im Wasser etwas suchen, was sie verloren hätten.

Und frage mich, was wir eigentlich suchen.

Melvil setzt sich neben mich. Er hat seinen Sandkuchen gebacken und niedergetrampelt, er hat ihn noch einmal gebacken und noch einmal niedergetrampelt, und jetzt hat er genug. Er fragt mich, wann Michel wiederkommt. »Bald«, antworte ich.
»Gefallen dir diese Ferien?«
»Ja.«

Ich erzähle ihm, dass wir ganz in der Nähe schon einmal Ferien mit seiner Maman gemacht haben, als er noch ein Säugling war. Für die Fahrt hierher hatten wir einen Wagen gemietet. Ich sage ihm, er sei noch so klein gewesen, dass er abends neben uns in einem Tragekorb geschlafen habe. Wir hatten die Matratze auf den Boden gelegt, um mit ihm auf einer Höhe zu sein. Und wurden Opfer der Spinnen.

Am Ende des Gartens gab es einen Steilfelsen und zehn oder zwanzig Meter weiter unten einen Strand, der fast genauso aussah wie der, an dem wir jetzt sind. Der Wind schlug in Böen gegen die Tür. Wir öffneten ihm. Ich denke an den ersten Pariser Sommer, den wir ineinander eingeschlossen verlebt haben. Hélènes Schönheit. Unser kleiner Juni-Junge, der in jedem Sommer einen Schuss tut.

Den Zorn durch die Liebe ersetzen. Sich endlich erinnern, es sich endlich erlauben. Wie sehr ich sie liebte. Hélène war weder ein Phantasma noch ein Vorwand. Vor ihr wusste ich nicht, wie man liebt.

Ich wusste nie und weiß immer noch nicht, wie diese tiefgehende Bindung zwischen uns, diese geradezu geschwisterliche Verschworenheit, dieses Verlangen nach dem anderen, gepaart mit dem Wunsch, dem anderen zu gehören, entstanden ist, es hat sich nie abgeschwächt, nie nachgelassen, nie verkleinert. Ich weiß, dass ich sie augenblicklich wollte, ganz, ich wollte sie mir aneignen, ich wollte, dass sie mir gehörte. Ich wollte sie haben.

Zuerst verweigerte sie sich. Am ersten Abend. Wir küssten uns wie Jugendliche, und dann legte sie ihre Hand auf meine, um mich aufzuhalten. Sie sagte mir, sie werde mir nicht gehören. Nicht aus Koketterie. Nicht als Trick, damit ich sie noch mehr begehrte. Sondern um mir zu sagen: Es ist nicht diese Art Begehren, das ich annehmen werde. Es ist nicht diese Art Verlangen, aus der diese Liebe geboren wird.

Ich sage Liebe, weil ich kein anderes Wort habe, um das zu definieren, was nicht zu definieren ist. Ich habe nie gewusst und weiß immer noch nicht, wie wir diesen Punkt des Gleichgewichts finden konnten, wo sich unsere Verlangen ohne jede Feindlichkeit begegneten, ohne dass der eine die Oberhand über den anderen gewann, ohne dass einer von uns beschädigt wurde.

Ich habe nie gewusst und weiß immer noch nicht, wie ich diesen Zustand der Fülle und der Gnade, aber auch der Angst vor dem Verlust beschreiben soll, dieses Gefühl, nicht mehr man selbst zu sein, dieses Gefühl, dass der andere größer ist, dass man ihm gewachsen sein muss. Ich habe mich dieser Liebe hingegeben. Ich bin nie so frei gewesen. Ich bin nie so schön gewesen. Ich wollte ihre Arme, ihren Bauch, ihren Mund, ihre Stimme. Ich wollte ihre Vergangenheit, ihre Zukunft und ihre Gegenwart.

»Erinnerst du dich an diese Ferien?«, frage ich Melvil. Einige Monate, ja, sogar einige Wochen zuvor hätte er nicht geantwortet. Dieses Mal wendet er den Kopf nicht ab, sondern sieht mich lange an, als wollte er mehr hören.

Seit vier Jahren erzähle ich Melvil regelmäßig von seiner Mutter. Das ist sie nun, diese Worte, getragen von denen, die sie kannten: ihre Mutter, ihre Schwester, ihre Freunde und ich. Melvil hört zu, spricht manchmal etwas nach, verlangt aber nicht nach einem Gespräch.

Ich erzähle ihm von ihr, aber die Umstände ihres Todes erwähne ich nicht, nicht direkt. Zu einem Kind kann man nicht sagen: Deine Mutter ist tot, weine nur, danach werden wir aus dem, was wir wissen, ein Bild und eine Geschichte aufbauen. Er wird selbst über das Ende sprechen wollen, wenn der rechte Augenblick gekommen ist.

Ein Jahr nach Hélènes Tod habe ich eine Freundin angerufen, die ihren Mann im selben Moment verloren hat, damals war ihr Sohn drei oder vier Jahre älter als Melvil. Sie nahm das Gespräch in ihrem Wagen an, über Lautsprecher.

Als der Junge meine Stimme hörte, fragte er als Erstes: »Ist Papa am Telefon?«

Kinder warten auf die Rückkehr. Ihre Trauer ist nichts anderes als dieses lange Warten bis zur Hinnahme des Todes. Erst wenn das Warten aufhört, weinen sie. Das Warten hat sie geschützt und am Leben gehalten, bis sie begreifen, dass der Tote niemals zurückkehren wird.

Und auf den Rat eines Kinderpsychiaters hin habe auch ich gewartet. Auf den Moment, in dem Melvil Fragen stellen würde. Ich wusste, dass es bis dahin Jahre dauern konnte, aber ich habe mit ihm gewartet. Ich habe alles zur Seite gelegt, außer Sichtweite, und auf den richtigen Augenblick gewartet.

Sicher kam es mir auch ein bisschen entgegen. Am Strand schaue ich Melvil zu und denke an ein Erlebnis zurück, das ich Jahre zuvor, nach dem Tod meiner Mutter, mit meinem Onkel hatte: Ich besuchte ihn, weil ich über sie sprechen wollte, er hatte sie gekannt, ich wollte mehr über sie erfahren.

Ich will wissen, welche Filme sie gesehen, welche Musik sie gehört und welche Bars sie frequentiert hat. Eine Spur, einen Geschmack, eine Besonderheit, irgendetwas, das ihre verlorene Konsistenz wieder deutlich machen kann.

An jenem Tag, es ist im Februar, wird es früh dunkel. Ich habe eine Flasche japanischen Whisky mitgebracht. Trinken löst die Zunge. Vor allem das Whiskytrinken. Ich betrete sein Häuschen, das in die zweite Reihe gequetscht in einer Gasse in Ivry-sur-Seine liegt. Die Räume sind etwas verwirrend angeordnet, an die Küche schließt sich ein Spielzimmer an, die Schlafzimmer liegen an einem Gang, der sich durch das Hauptgebäude bis in den Anbau zieht, einen alten Lagerraum.

Das Gesicht meines Onkels wirkt weise, in seinen Augen liegt ein Lächeln. Sanft und wie beiläufig führt er mich ins Wohnzimmer. Er gibt mir ein Zeichen, mich in einem der großen Ledersessel niederzulassen. Er spricht mit mir über meine Arbeit als Radiojournalist. Ich erzähle von der Wohnung in der Rue Cadet im neunten Arrondissement, in die Hélène und ich gezogen sind.

Mein Onkel lächelt. Ich habe diesen Onkel schon als kleiner Junge bewundert. Damals lebte er in

Burkina Faso. Wenn er in den Sommerferien nach Frankreich zurückkam, glich er in dem offenen weißen Hemd und der Khakihose einem Forschungsreisenden. Er war es auch, der mir beigebracht hat, wie sehr das Reisen ein Leben retten kann.

In seinem Wohnzimmer fällt mir auf, wie stark sich seine Haltung von der meines Vaters unterscheidet. Seine Bewegungen wirken flüssig, langsam, linear, anders als die abgehackten Bewegungen meines Vaters. Mein Onkel bietet das Bild eines Menschen, dessen Schicksal, welches immer es sein mag, sich erfüllt hat. Die beiden Brüder wirken wie Feinde, die alles trennt außer der Herkunft. Wie in Maupassants *Pierre und Jean*. Mein Onkel wäre Jean, mein Vater Pierre, wobei Ersterer die helle Seite des Letzteren verkörpern würde.

Wir schenken uns ein Glas ein. »Willst du mir nicht von Afrika erzählen?«, frage ich schließlich. Er erzählt mir, was ich bereits weiß. So, wie man in die Glut bläst, damit sie nicht erlischt, verkünde ich ihm, um das Gespräch nicht abreißen zu lassen, dass ich an einer Dokumentation über *Phantom Afrika* von Michel Leiris arbeite – meinem Urgroßonkel, einem berühmten Vorfahren, der ethnographische Arbeiten über diesen Kontinent verfasst hat.

Ich hatte ihn als Kind entdeckt, als ich nachschaute, ob mein Familienname im Lexikon vorkam. Ich fragte, wer dieser »Michel Leiris« sei. Die schlichte Antwort war, er sei Schriftsteller und ein schrecklicher Mensch. Als ich später seine Autobiographie *Mannesalter* las, erfuhr ich, dass ich der letzte Sprössling seines Bruders war, den er verabscheute. Ich dachte wieder an meinen Onkel und an meinen Vater. Auch sie hatten manchmal Streit gehabt, und soweit ich mich zurückerinnern kann, war es immer mein Onkel, der Jüngere, der sich um Frieden bemüht hatte. Der kleine Bruder, der geflohen war, als mein Vater blieb.

Bei den Leiris vererben sich die Bruderfeindschaften und das Schweigen. Und ich entfernte mich in gewisser Weise von beidem.

Was *Phantom Afrika* anging, so hatte ich die Idee, dieselbe Reise zu unternehmen wie mein Urgroßonkel. Von Dakar nach Dschibuti über alle Seelenzustände, in die mich diese Afrikadurchquerung stürzen würde.

Ich erwarte die Zustimmung meines Onkels. Doch der hat Zweifel. »Das wäre bei dieser politischen Lage unmöglich.« Und dann erläutert er mir die Umstände, die Islamisierung, das koloniale Erbe. Er spricht viel, er nimmt den ganzen Raum ein, bis das Gespräch völlig versiegt.

Wir sind beide erschöpft davon. Ich bin gekommen, um über meine Mutter zu sprechen; wir sind beide erleichtert, dass die Unterhaltung zu Ende geht, ohne dass ihr Name gefallen wäre. Über diesem Schweigen trennen wir uns mit dem Versprechen, uns bald wiederzusehen.

Dazu wird es nicht kommen. Ich werde auch Michel Leiris' Reise nicht in umgekehrter Richtung unternehmen. Wie die beiden werde ich die Geister in Afrika einschließen. Die Geister meiner Mutter und meines Vaters und dann auch Hélènes. Seit vier Jahren lasse ich sie nur ein einziges Mal im Jahr zu mir kommen, an Allerheiligen, wenn ich allein zu ihrem Grab gehe, um mit ihr zu sprechen. Wenn ich allein zu ihrem Grab gehe, um es in Ordnung zu bringen.

Den Stein reinigen. Vorsichtig und oft schweigend, als würde man durch diesen Stein hindurch den wieder intakten Körper des Toten umsorgen.

Bei den Juden gibt es die Tradition, den Körper eines toten Mannes vor der Beisetzung im Beisein aller Männer der Familie zu waschen. Als Hélènes Vater in Tanger starb, flog ich mit ihr und ihrer Schwester hin. Sie durften bei der Vorbereitung und dem Begräbnis nicht dabei sein. Sie waren ganz in der Nähe, am Eingang des Friedhofs, ich ging an ihrer Stelle hin.

Den Grabstein mit derselben Hingabe umsorgen wie den Körper der Toten. Und all die Gräber ringsum erinnern daran, dass der Tod an sich schon eine Geschichte ist, eine Geschichte, die wir alle teilen, der größte gemeinsame Nenner.

Der Friedhof ist einer der wenigen Orte, an denen man sich nie wirklich allein fühlt.

Melvil läuft mit seiner Harke Richtung Meer, als wollte er mich taktvoll ein Gespräch weiterführen lassen, bei dem er stören könnte.

Ich glaube, auch er spürt eine Gegenwart, spürt, dass ich nicht allein auf dem Sand bin. Von jetzt an sind wir zu dritt.

Der Wind bläst, und zum ersten Mal spüre ich sie hier, bei uns.

Kein Zorn mehr, gar nichts mehr, nur Böen von Anwesenheit. Unsere Trauer kann beginnen.

»Ja, schau«, sage ich ganz laut. »Er wächst schnell.« Mein Handy klingelt, es ist Michel. Ich bitte ihn, uns diesen Augenblick zu lassen, noch ein bisschen Zeit. Einige Augenblicke später rufe ich Melvil zu mir, und wir legen uns alle drei nebeneinander in den Sand.

Die Liebe danach ist eine Geisterliebe. Man muss akzeptieren, dass diese Liebe zu ihrem Geist gehört, aber dass eine andere, andersartige, entstehen darf.

Abends gehen wir in das kleine Apartment zurück, das uns zur Verfügung steht. Ich bringe Melvil ins Bett und beginne, dieses Buch zu schreiben. Ich will diese neue Phase beschreiben, die mich bis zu ihr geführt hat.

Ich fühle mich ungeheuer lebendig. Vor meinem Computer sitzend, spüre ich all diese Anwesenheiten ringsum. Meinen Vater, meine Mutter, Hélène. Sobald ich auf meiner Tastatur zu tippen beginne, kommt sie ins Zimmer.

Ihr schwarzes Haar reicht ihr über den halben Rücken. Ihre zarten Hände verraten die Sanftheit ihres Charakters. Sie hat Eulenaugen, die Melvil von ihr geerbt hat. Er sieht die Welt mit den Augen seiner Mutter. Buchstäblich.

Sie setzt sich in eine Ecke des Sofas. Diskret wie jemand, der nur eben vorbeischaut. Als ich sie da sitzen sehe, direkt neben mir, wird mir klar, dass ich sie schon viel zu lange nicht mehr angesehen habe.

Ich habe noch die kleinste Einzelheit ihrer Züge in mir bewahrt. Ihre Schönheit war für mich immer ein Mysterium. Eine Ganzheit, die ich nie aufzuschlüsseln vermochte. Etwas Ganzes, sinnlich und weiblich, begehrenswert und mütterlich, zerbrechlich und unerschütterlich.

Mehr als einmal wollte ich sie aufessen. Ihre Haut, ihr Apfelfleisch und ihre Süße. Ich habe mein erstes Buch geschrieben und sie verschlungen, verschluckt, ich habe nichts übrig gelassen. Ich habe ihren Körper auf meine Seiten gelegt, und das Buch hat sich geschlossen. Woran sie mich zwölf Jahre zuvor gehindert hatte, indem sie ihre Hand auf meine legte, das habe ich hinter ihrem Rücken getan, ohne dass sie etwas sagen, ohne dass sie mich zur Vernunft hätte bringen können.

Heute, wo unsere Geschichte eine Geschichte geworden ist, wo unsere Figuren aus eigener Kraft leben, ist es an der Zeit, wieder zu ihr zu gehen.

Hélène ist der Stift, den ich halte, die Tinte, die darin fließt, die Tasten meines Computers, die Wörter, die auf dem Bildschirm erscheinen. Die Buchstaben haben ihre sanften Linien, die Wörter ihr Zartgefühl, die Assoziationen schwingen durch ihre Musikalität.

Ich habe diesem Buch ein Zitat von Maurice Blanchot vorangestellt: »Wer sich erinnern will, muß sich dem Vergessen anvertrauen, diesem Risiko des absoluten Vergessens und diesem schönen Glücksfall, zu dem das Erinnern dann wird.« Ich habe es auf den ersten Seiten von Jorge Sempruns *Schreiben oder Leben* entdeckt.

Schreiben und Leben.

Die Erinnerung an Hélène kehrt zurück. Ihr Gestalt zu verleihen ist genau das, über sie schreiben. Verstehen, dass sie die ganze Zeit da war. Im Hintergrund, vom Licht verborgen, vom Alltag überdeckt, gerade noch da und schon nicht mehr da, wie hinter der Glasscheibe im gerichtsmedizinischen Institut, wo ich sie zum ersten Mal wiedergesehen habe.

Am nächsten Tag fahren wir mit dem Auto nach Paris zurück.

Melvil ist hinten auf der Rückbank angeschnallt. Im Hintergrund läuft das Radio. Jetzt gerade erfüllt einer der aktuellen Hits den Wagen: *Tout oublier.*

»N'existe pas sans son contraire / Qui lui semble facile à trouver.« »Das (Glück) gibt es nicht ohne sein Gegenteil, das es leicht zu finden scheint.«

Ich sehe, wie er die Ohren spitzt. Wir drehen lauter.

»Tout, il faudrait tout oublier / Pour y croire, il faudrait tout oublier.« – »Alles, man müsste alles vergessen / Um daran glauben zu können, müsste man alles vergessen.«

»Papa?«

»Ja.«

»Was heißt das, alles vergessen?«

Ich denke nach. Das heißt, dass ich glaubte, alles könne neu beginnen. Ich glaubte, man könne einen Raum abteilen, und die Schuldgefühle würden innerhalb seiner Grenzen bleiben. Ich glaubte, ich sei stärker als der Schmerz. Ich könne ihn zähmen.

Das heißt, dass ich dachte, es sei zu schwer zu tragen. Dass ich uns unbeschwert haben wollte. Das heißt, dass ich sie uns vorenthalten habe.

Wer einem Kind Wörter erklärt, muss ihren Sinn wiederfinden.

»Alles vergessen, das heißt, dass du alle bösen Erinnerungen beiseitelässt, dass du nicht mehr daran denkst.«

Vergessen. Vergessen. Wie ein Refrain in Endlosschleife. Ich habe getan, was ich nicht tun wollte. Ich habe vergessen, weil man, um daran glauben zu können, alles vergessen musste.

»Le spleen n'est plus à la mode / C'est pas compliqué d'être heureux / Le spleen n'est plus à la mode / C'est pas compliqué.« »Melancholie ist nicht mehr angesagt / Es ist ganz einfach, glücklich zu sein / Melancholie ist nicht mehr angesagt, es ist ganz einfach.«

»Was ist das, ›angesagt‹?«

Ich denke nach. Das, was gewesen ist. Das, was nicht mehr ist.

»Angesagt ist, was alle Leute gleichzeitig wollen.«

»Warum ist Melancholie nicht mehr angesagt?«

Epilog

Die Luft ist klar. Durch die offenen Fenster sind deutlich die Geräusche von draußen zu hören. In der Wohnung ist es ruhig.

Jetzt, Ende Juni 2015, ist Paris noch ein bisschen in Bewegung, bevor es sanft in den sommerlichen Schlaf fällt. Der Schlaf dieser Stadt hat etwas Faszinierendes. Man entdeckt sie anders. Leer.

Man erkennt Einzelheiten, die man vorher nicht sehen konnte, weil sie von der Menge und dem Lärm verdeckt wurden. Da gibt es den Geruch des aufgeheizten Steins, das Licht, das die Perspektiven erdrückt und die Stadt zusammenknittert, als wollte es eine Papierkugel daraus machen; ein Windstoß fährt durch die Platanen unten, und man glaubt, das Meer zu hören.

Hélène ist müde. Ich liebe es, wenn sie müde ist. In ihrem Blick liegt dann eine Art Furcht, als wäre sie auf der Hut.

Ich schlage ihr vor, sich hinzulegen. Ihr Körper

entspannt sich, er wird geradezu elastisch, man muss ihn vorsichtig bewegen, damit er heil bleibt.

Ich stehe auf, um Melvil zum Mittagsschlaf ins Bett zu bringen. Er ist gerade ein Jahr alt geworden. Er betrachtet diesen in Zeitlupe vorübergehenden frühen Nachmittag. Seine Augen schließen sich ganz von selbst. Es ist eine kleine Wattekugel, die ich vorsichtig ins Bett lege, nachdem ich die Windel gewechselt habe. Er atmet tief aus. Wahrscheinlich ist dies das Geräusch, das die Ewigkeit macht.

Ich gehe zu ihr ins Bett, ein Blatt Papier in der Hand. Ich stopfe mir Kissen unter den Kopf, um bequemer lesen zu können. Sie legt ihren Kopf auf meine Schulter. Ihre Wimpern kitzeln meinen nackten Oberkörper.

Sie hat ihr T-Shirt anbehalten. Ich sage ihr, ich hätte beschlossen, Melvil zu jedem seiner Geburtstage einen Brief zu schreiben. Und wenn er volljährig wäre, würde ich sie ihm alle geben, damit er sein Leben lesen und wiederlesen, die Lücken füllen und das Weitere erfinden könne.

Den ersten habe ich in wenigen Minuten auf einer Tischkante geschrieben. Sie bittet mich, ihn vorzulesen. Ich beginne.

Melvil, mein Sohn, meine große Liebe,
du bist heute erst ein Jahr alt, und doch bist du schon

so groß. Vor kaum einer Sekunde warst du noch dieses kleine Etwas, gerade erst aus dem Bauch deiner Mutter herausgekommen, und dein Gesicht bestand fast nur aus großen schwarzen Augen, und mit dem ersten Moment dessen, was jetzt dein Leben ist, waren sie offen.

Ich war es, der die erste Stunde mit dir verbracht hat. Du bist sehr langsam auf die Welt gekommen, du warst ein bisschen müde, und die Ärzte wollten sicher sein, dass es dir gutging. Du hättest in meine Hand gepasst. Ich habe dir gesagt, du würdest ein langes und schönes Leben haben.

Es war am 11. Juni 2014, sehr spät abends. Ich werde den Augenblick, in dem die Hebammen dich in ihre Arme legten, nie vergessen. Sie brach in Tränen aus, überwältigt von einem Gefühl, für das man immer noch kein Wort gefunden hat.

Um es aber zu beschreiben und weil man es ja benennen muss, diese Gleichzeitigkeit von Freude, Angst, Zärtlichkeit und Schwindel, hat man das Wort Liebe erfunden. Deine Mutter und ich sind an dem Tag, als du zu uns kamst, in Liebe versunken.

Kinder glauben vermutlich, Eltern seien immer schon Eltern gewesen. Aber so ist es nicht, in der Sekunde vor deiner Ankunft waren wir noch die Kinder unserer Eltern. Seither versuchen wir unser Bestes. Deine Mutter ist vollkommen. Ich tue, was ich kann.

Dein Vater steht heute in seinem Leben an einer Weggabelung. Er muss Risiken eingehen, um sich weiterzuentwickeln, und er braucht Mut, um diese Risiken einzugehen.
Deine Mutter ist an meiner Seite, und sie wird immer für dich da sein. Wenn du Zweifel hast, wird sie die Zuversicht in sich haben, die es dir ermöglicht, dich selbst zu übertreffen. Und außerdem, mein Engel, bist du da und wirst mich vor den Angriffen der Dämonen schützen.

Diesen Brief vier Jahre später finden.

Ihn noch einmal lesen und verstehen: Aus diesen Briefen sind Bücher geworden. Hélène, auch sie, ist noch da.

Meinen Hass bekommt ihr nicht war kein Verrat, das war schon damals sie.

Es ist fünfzehn Uhr. Ich stehe vom Tisch auf. Ich muss Melvil früher aus der Schule holen, weil wir einen Arzttermin haben.

Auf dem Weg denke ich an die anderen Briefe, die ich ihm geschrieben habe. Ich denke an den, in dem ich ihm vom Tod seiner Mutter erzähle. Ich denke an all jene, die ich noch nicht geschrieben habe.

Ich trete durchs Schultor. Er ist mitten in der Pause, aber es überrascht ihn nicht, dass ich plötzlich auftauche. Ich sehe ihn von dem Lkw aus Holz klettern, der auf dem betonierten Hof steht.

Er ist gerade fünf Jahre alt geworden. Ich höre, wie er »Da ist mein Papa« zu seinen Spielkameraden sagt, und dann rennt er auf mich zu. Ich bemerke, dass ihm zwei kleine Mädchen zuwinken, als er lossprintet. Er antwortet ihnen mit einem Lächeln.

Die Freude in mir aufsteigen fühlen. Mir sagen, dass er ein eigenes Leben hat. Dass er nicht in mein Leben eingesperrt sein wird. Dass er groß werden und lieben wird.

In einem Windstoß reinen Glücks verlasse ich den Schulhof. Ich küsse den kleinen Klammeraffen, der sich um mich geschlungen hat. Ich küsse ihn nicht, ich esse ihn auf. Er drückt mich weg und klettert von seiner Kokospalme.

Er hat ein eigenes Leben, und es hat gerade begonnen. Auch mein Leben ist wieder in Gang gekommen. Die Geister haben ihren Platz, sie irren nicht mehr durch meine Gedanken, sie spuken nicht mehr durch unser Heim. Sie bevölkern unsere Familie.

Nachweise

S. 5: Marguerite Yourcenar: *Alexis oder der vergebliche Kampf*, aus dem Französischen von Peter Gan, München, Wien (Hanser) 1993, S. 14.
Maurice Blanchot, *Le livre à venir*, Paris (Gallimard) 1959. Zitiert nach: Jorge Semprun, *Schreiben oder Leben*, aus dem Französischen von Eva Moldenhauer, Frankfurt/M. (Suhrkamp) 3. Aufl. 2016, S. 7.

S. 39 f. und S. 42 f.: Carlo Collodi, *Pinocchio*, aus dem Italienischen von Paul Artur Eugen Andrae, Zürich (NordSüd) 2018, S. 7, 12 f.

S. 114/115: DVD Ernest & Célestine, Freundschaft hat keine Grenzen, Elite Film AG 2013.

S. 184: Angèle Van Laeken, Roméo Van Laeken: Tout oublier.